LA

RÉPUBLIQUE

DÉVOILÉE

AU PEUPLE,

PAR

J. N. G.

PRIX : 40 CENTIMES,

Et *franco*, par la poste, 50 centimes.

NANCY,

VAGNER, IMPRIMEUR-LIBRAIRE-ÉDITEUR,

Rue du Manége, 3.

1874.

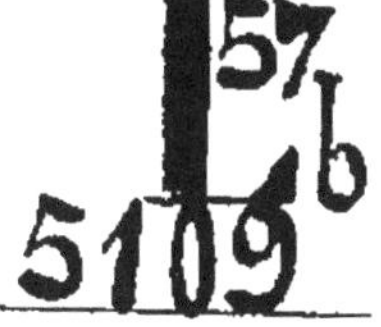

LA

RÉPUBLIQUE

DÉVOILÉE

AU PEUPLE,

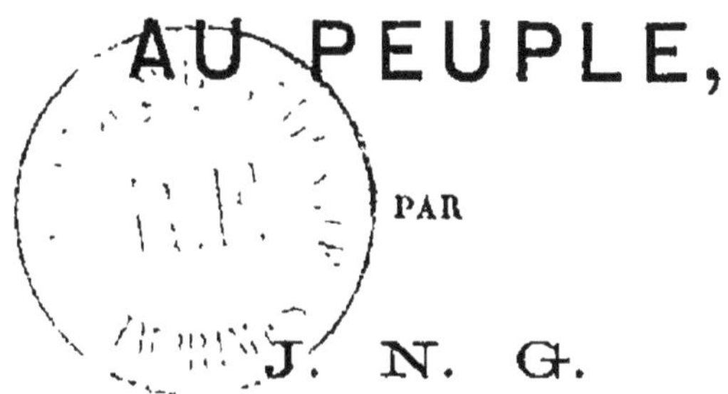

PAR

J. N. G.

PRIX : 40 CENTIMES,

Et *franco*, par la poste, 50 centimes.

NANCY,

VAGNER, IMPRIMEUR-LIBRAIRE-ÉDITEUR,

Rue du Manége, 3.

1874.

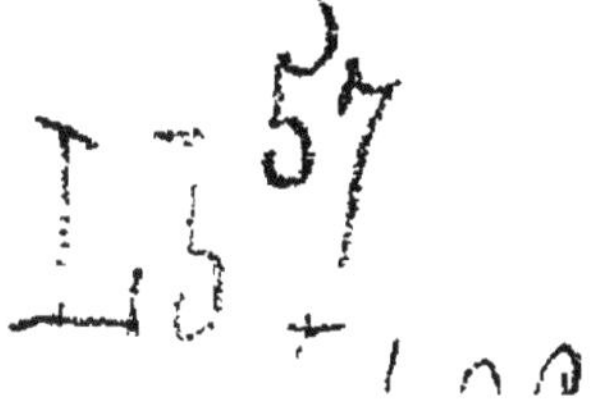

LE PEUPLE FRANÇAIS EST-IL POUR LA RÉPUBLIQUE ?

Evidemment non! il est et restera toujours antipathique au régime républicain. République, chez lui, est synonyme de désordre, de confusion et d'anarchie. Quand il veut qualifier une famille où tout le monde gouverne, les enfants, les domestiques, les servantes et les étrangers ; où il faut aller mettre la paix de temps en temps pour empêcher des malheurs, il dit que c'est la République : et la conclusion qu'il en tire, c'est qu'il n'en veut à aucun prix.

Consultez, en effet, le paysan, l'honnête ouvrier, le commerçant, et vous verrez quelle antipathie ils ont pour la république, quelle horreur même elle leur inspire. Faites voter aujourd'hui, demain, la ville même de Paris, et elle vous dira par son vote qu'elle est tellement lasse et dégoûtée de toute république, même provisoire, qu'elle irait jusqu'à lui préférer... quoi? — même le fils de l'homme du 2 décembre, le fils de l'homme de Sedan, l'héritier des trois terribles invasions dans un demi-siècle.

Ainsi, également, toutes les fois que la France a pu voter librement, l'immense majorité de la nation a repoussé la république et proclamé la monarchie. Tombée en république, la France cherche immédiatement un dictateur : témoin, le général Bonaparte, à la fin du dernier siècle ; le général Cavaignac, en 1848; Louis Napoléon, ensuite ; l'avocat Gambetta, en 1870; M. Thiers, en 1872; et le maréchal Mac-Mahon, l'année suivante.

Voilà ce que fait le peuple instinctivement, tout naturellement, d'après son simple bon sens, sans avoir besoin pour cela d'être fort savant dans les choses de la politique et de l'histoire. « Quand on lui parle république, la France recule épouvantée. Elle sait que ce gouvernement tourne au sang ou à l'imbécilité. »

Mais voyons, en détail, combien est fondée et raisonnable cette horreur instinctive et insurmontable que nous avons de la république, et que ni la franc-maçonnerie, ni les mauvais journaux, n'ont jamais pu vaincre malgré leurs efforts quotidiens de ruse et d'habileté, de mensonges et de perversions depuis un siècle.

CHAPITRE Ier.

LES TROIS RÉPUBLIQUES EN FRANCE.

L'histoire de la république en France est celle de nos erreurs et de nos excès : la république n'a toujours été qu'ambition, égoïsme, rapine, assassinats, guerre civile, anarchie et honte de la patrie.

I. République de 92.

Inaugurée sur le champ de carnage du 10 août, à quelques pas de l'échafaud de Louis XVI, dressant tout de suite à la voix du féroce Danton le tribunal révolutionnaire, prodigue d'arrêts de mort, qu'elle expédie par la main rapide des Couthon, des Saint-Just, des Carnot, des Robespierre, la république confond tous les âges, tous les rangs, toutes les conditions, dans la seule égalité qu'elle ait jamais faite, l'égalité du supplice et de la misère ! C'était de la boue teinte de sang ; c'était le gouvernement de la terreur et de l'échafaud...

Les victimes de la république de 1792 sont innombrables. Le révolutionnaire Prud'homme en a tenu registre avec le plus grand détail. En voici le dénombrement :

Nobles..........................	1,278
Femmes nobles..................	250
Femmes de laboureurs et d'artisans.	1,467
Religieuses......................	350
Prêtres..........................	1,635
Hommes non nobles de divers états..........................	13,633
Femmes mortes de frayeur ou par suite de couches prématurées..	3,400
Femmes enceintes et en couches..	348
Femmes tuées dans la Vendée....	15,000
Enfants tués dans la Vendée.....	22,000
Morts dans la Vendée...........	900,000
Victimes sous le proconsulat de Carrier à Nantes.............	32,000
Enfants fusillés.................	500
Enfants noyés...................	1,500
Femmes fusillées et noyées......	764
Prêtres fusillés et noyés.........	760
Nobles noyés....................	1,400
Artisans noyés..................	5,300
Victimes à Lyon.................	31,000
Total.....	1,032,585

Et ce n'est pas encore tout. Car dans cette énumération ne sont pas renfermées les victimes immolées dans les massacres de Versailles, des Carmes, de l'Abbaye, d'Avignon, de Marseille, etc., etc. Quelle horrible boucherie ! C'est de la *fraternité républicaine.*

II. République de 48.

En 1848, sous la deuxième république, la Constituante avait été nommée sous l'impulsion républicaine. Mais déjà, onze jours après sa réunion, elle était envahie ; un mois après, la guerre civile désolait et ensanglantait Paris pendant les terribles journées de juin ; neuf généraux furent tués...

La foi en la république fut dès lors ébranlée, et l'année n'était pas achevée que six millions de suffrages nous imposaient un président, qui était la négation formelle de la république. Le bonapartisme le comprit ; et dès lors fut résolu le coup d'Etat du 2 décembre que la France approuva ensuite par 9 millions de suffrages pour montrer son horreur de la république.

III. République du 4 septembre 1870.

La troisième république, celle du 4 septembre, est née d'un coup de main rendu facile par les angoisses patriotiques de toute la nation, d'un crime jusqu'ici inconnu : la *révolte devant l'ennemi.* Les hommes du 4 septembre ne virent dans nos désastres qu'une excellente occasion d'imposer la république, et ne craignirent pas d'ajouter aux calamités de la guerre celles d'une révolution. Sans aucun mandat, ils proclamèrent la république, s'emparèrent des affaires, des places, et, pendant plus de six mois, imposèrent à la France la plus coupable des dictatures ; ils renvoyèrent le Corps législatif et supprimèrent conseils généraux et conseils municipaux. Ainsi ceux mêmes qui affectent de tout baser sur le suffrage populaire, sur le droit national, sont les premiers à mépriser ce qu'ils encensent, à user de la force contre tout droit.

Suites du 4 *septembre :* 31 *octobre,* 22 *janvier et* 18 *mars.*

La révolution du 4 septembre occasionna d'abord les révoltes du 31 octobre et du 22 janvier, où les Blanqui, Flourens, Pyat, Delescluze et autres républicains rouges, ayant leur quartier général à Belleville, essayèrent de s'emparer par surprise du gouvernement qu'ils avaient aidé à faire ; et, pendant quelques heures, ils purent se croire les maîtres de la France. L'envie leur avait pris de recommencer. Et pourquoi pas ? Ils avaient si bien réussi une première fois. Qu'avaient-ils d'ailleurs à craindre de leurs bons amis du 4 septembre ?

Ceux-ci ne leur devaient-ils pas de la reconnaissance? n'avaient-ils pas agi de même?

Deux paroles, l'une de Blanqui, l'autre de Pyat, les deux plus anciens chefs de la révolution en France, résument tout. Arrêté après l'émeute du 31 octobre, Blanqui se justifia d'un mot qui devait le faire remettre en liberté : « Le 31 octobre n'est, dit-il, qu'un 4 septembre qui n'a pas réussi. » Et Pyat, du fond de la prison où il était détenu pour sa participation à l'émeute du 22 janvier, écrivit à son ami, M. Arago, ministre de la justice dans le gouvernement du 4 septembre : « Quel malheur que je sois ton prisonnier, tu aurais été mon avocat! »

C'est ainsi que les criminelles révoltes du 31 octobre, du 22 janvier et surtout l'affreuse Commune du 18 mars ne furent qu'une imitation, une suite et une continuation de la première révolte du 4 septembre.

Les documents de l'enquête sur le 18 mars le prouvent encore de la manière la plus évidente :

« Ceux qui n'avaient pu entrer à l'Hôtel-de-Ville au 4 septembre, dit M. Héligon, témoin dans cette enquête, ont fondé un parti; on a voulu constituer un gouvernement; on a fait nommer la Commune de Paris. La Commune a été nommée dans le courant de septembre, et non pas au 18 mars. »

1*

« Le premier de ces comités occultes, dit M. Delpit, rapporteur de l'enquête, se formait le lendemain de la révolution, à l'Hôtel - de - Ville. Dès le 5 septembre,... M. Rochefort organisait un conciliabule composé de Ranc, Tibaldi, Flourens, Lissagaray; et pendant que, dans une salle de l'Hôtel-de-Ville, les membres du gouvernement délibéraient, à côté, dans une autre salle, ceux que je viens de vous indiquer délibéraient sous la présidence de M. Rochefort. »

Il y avait donc dès lors deux révolutions parallèles : celle du 4 septembre, qui régnait ; celle du 18 mars, qui s'organisait et grandissait à l'ombre du gouvernement révolutionnaire du 4 septembre. En effet, pendant toute la durée du siége, les journaux et les clubs eurent toute liberté de prêcher les plus mauvaises doctrines, de faire appel aux plus dangereuses passions, d'exciter à la haine, à l'envie, à l'émeute, à la guerre civile. L'anarchie était absolue, la conspiration permanente. Le faible gouvernement de septembre ne faisait rien, parce qu'au fond il ne pouvait rien faire. Son origine, ses principes, ses affinités l'empêchaient de sévir contre ceux qui l'avaient porté naguère au pouvoir, et qui ne cherchaient maintenant qu'à refaire à leur profit un nouveau 4 septembre.

« Il n'y a jamais eu d'ordre, dit M. Cresson, préfet de police. Il y a toujours eu dans les clubs, dans la presse, dans le bas-fonds social, des *préparatifs pour la grande bataille.* Les gens de Belleville à qui on distribuait des drapeaux et que l'on faisait sortir de Paris, disaient en rentrant, et après avoir bu leur ration d'eau-de-vie : « Ce n'est pas à nous de sortir; c'est *dans Paris que nous avons à faire,* et non pas avec les Prussiens. »

Ailleurs, le préfet de police dit encore : « Chaque fois qu'un fait particulier grave se produisait, j'en informais le ministre de l'intérieur; c'est ainsi que j'ai signalé les projets d'assassinats, de meurtre, les demandes que l'on faisait dans les clubs d'établir des échafauds au coin des rues, les menaces quotidiennes et multipliées de pillage et d'incendie. Je suis parvenu à arracher des mains des conspirateurs 24,000 bombes Orsini, dont 6,000 étaient chargées..., j'ai saisi leurs matières combustibles que j'ai livrées au ministère de la guerre, mais il paraît que l'insurrection a pu en retrouver plus tard une partie dans les dépôts qui les avaient reçues. »

« Non-seulement, dit le rapporteur de l'enquête, le gouvernement n'agissait pas contre les coupables qui lui étaient dénoncés par son propre préfet de police, mais il laissait ou faisait rendre la liberté à ceux qui avaient mis en péril, au 31 octobre, la vie de quelques-uns de ses membres... »

M. E. Arago, après avoir sollicité le relâchement de son ami Pyat près du préfet de police, déclara qu'on *s'était trompé sur Pyat*, qu'il fallait le mettre en liberté.

M. Cresson dit alors au gouvernement : « Félix Pyat mis en liberté! lui qui avait appelé le peuple à l'insurrection du 31 octobre! lui qui s'était trouvé ce jour-là sur la place de l'Hôtel-de-Ville! lui qui, de son aveu, était entré à l'Hôtel-de-Ville et qui avait été porté sur une liste comme membre d'un nouveau gouvernement! Félix Pyat mis en liberté! cela impliquait la grâce de tous les autres; car lui et Delescluze ont toujours été les chefs secrets de tous les mouvements qui ont été organisés dans Paris. »

Cependant Félix Pyat fut relâché; quant aux autres, une ordonnance de non-lieu intervint en leur faveur. Le ministre de la justice s'était interposé pour eux.

Bien plus, après la première émeute du 31 octobre, où le gouvernement se laissa prendre si piteusement à l'Hôtel-de-Ville, et qui ne fut réprimée que par l'initiative de citoyens courageux, les principaux promoteurs de la révolte furent même récompensés. Flourens fut nommé « major de rempart; » il institua la « commission des barricades, » dont le même Flourens, Rochefort et plusieurs autres firent partie. Delescluze devint maire, et comme tel « il a joué un rôle très-considérable, très-dangereux, dit encore M. Cresson, il a commencé la dictature qui n'a fini qu'avec sa vie. »

Et lors des élections du 8 février, Pyat et Delescluze, par la protection du gouvernement de la Défense nationale et par plus de 150,000 suffrages du parti révolutionnaire, arrivaient à l'Assemblée nationale nommée pour sauver la France.

Il faudrait rappeler un à un tous les événements des quatre mois et demi de siége, pour montrer la complicité des hommes du 4 septembre dans l'insurrection du 18 mars qui grandissait chaque jour. Amis, pour la plupart, des principaux meneurs, ils en devinrent fatalement les complices; *volontairement ou non*, ils préparaient avec eux le 18 mars, en leur laissant toute licence, toute impunité, en leur permettant tous les moyens de désordre et de corruption, et en les invitant constamment à l'insurrection par le spectacle de leur impuissance actuelle et par l'exemple de leur succès précédent.

Voilà pourquoi nous avons tant de révolutions successives et pourquoi nous en aurons toujours dans l'état actuel de la société. Chez nous, une révolution en engendre logiquement une autre, parce que les causes qui ont fait la première subsistent, et qu'il se trouve après de nouveaux hommes pour les mettre en œuvre. La France des *principes de* 89 est un arbre de révolution, toujours nourri de la même sève et du même air, qui produit de plus en plus des feuilles mauvaises et des fruits de mort.

Ce que la République du 4 septembre coûte à la France.

Voulez-vous savoir ce que nous coûte la république du 4 septembre? Voyez, depuis Sedan, que de revers, que de capitulations et de malheurs n'avons-nous pas eu à déplorer! Combien tous ces désastres, qui sont l'œuvre de la république, n'ont-ils pas eu d'influence sur le traité de paix! Et qui donc en est responsable si ce n'est les hommes du 4 septembre, qui, en donnant le signal d'une révolution, se sont fait l'allié de l'ennemi, nous ont coûté *en plus* quatre milliards, une province, quinze batailles perdues, 150,000 hommes tués par l'ennemi ou morts de misère, deux ans d'occupation étrangère, le progrès de tous les désordres, *et encore* l'insurrection de Paris du 18 mars avec ses terribles conséquences ?

Un journal anglais, le *Daily Telegraph*, calculait que cette insurrection du 18 mars avait coûté plus de 34 millions par jour, c'est-à-dire *plus d'un milliard par mois.* Il comprenait dans ce chiffre les dépenses de l'armée à Versailles, la solde des gardes nationaux de Paris, les frais de guerre des insurgés, les pertes immenses occasionnées au commerce et à l'industrie, etc., etc... Encore faudrait-il ajouter au calcul du *Daily Telegraph* les pertes énormes résultant des valeurs détruites par l'incendie de Paris. Peut-être alors arriverait-on à cette conviction que la guerre civile nous a coûté plus encore que la guerre étrangère.

La République provisoire.

Sans aucun doute, cette épouvantable guerre civile, suivie de l'incendie de Paris, aura ouvert tous les yeux et fait comprendre aux hommes du gouvernement la nécessité d'agir avec vigueur et fermeté ; tous les Communeux et pétroleurs doivent sûrement être honteux de leur vandalisme et être revenus à des sentiments humains? Sans aucun doute pareille catastrophe doit être devenue impossible pour des siècles; et désormais nous pourrons nous livrer en toute sécurité à l'agriculture, au commerce et à l'industrie? Hélas!.. détrompez-vous!.. il n'en est rien. L'affreuse Commune de Paris ne nous a rien ou presque rien appris.

En effet, quelques mois, à peine, *après la défaite de la Commune*, le *Figaro* s'écriait déjà avec stupeur et indignation :

NON! C'EST TROP FORT!

On me l'avait bien dit, mais je n'avais pas voulu le croire ! Et, à l'époque où nous sommes, on ne devrait jamais répondre : C'est impossible !

Oui, on me l'avait dit : Si vous leur pardonnez aujourd'hui, ils vous menaceront demain !... Mais alors cela semblait si monstrueux !...

Nos soldats se battaient encore dans les rues, au loin les lueurs de l'incendie, les bruits de la fusillade !... De minute en minute passaient des courriers qui nous jetaient les sinistres nouvelles : « Les Tuileries n'existent plus !... Le Louvre est en feu !... »

J'étais là, sur les débris de ma demeure, regardant passer ces colonnes d'insurgés qui défilaient dans la boue... Ils avaient l'air si misérable ! Ils imploraient tellement la pitié de nos soldats !

Ah ! quelle époque ! Le *Siècle*, caché derrière M. Thiers, tâchait d'obtenir son pardon en maudissant ses amis de la veille ; la démocratie courbait la tête et gardait le silence .. et je me disais : C'est affreux ! mais au moins nous voilà débarrassés de la révolution pour longtemps !

— Vous vous trompez, me répondit-on, les hommes qui n'ont pas été tués aujourd'hui reviendront demain ; leurs journaux reparaîtront, et tout recommencera comme avant.

— Mais c'est de la démence ! disais-je.

Voyez donc Paris en flammes ! Devant un pareil forfait, il n'y a qu'une chose à redouter : la réaction !

— La réaction ! ah ! ne soyez pas si généreux ! Si vous leur pardonnez ! eux ne vous pardonneront pas ! Vous ne connaissez pas ces hommes ! Ils sont faits au crime, qui est comme une tradition dans leur parti ! Rien ne peut les abattre ! et, avant trois mois, vous les verrez revenir plus audacieux et plus menaçants que jamais !

Et je n'ai pas voulu le croire !

Et nous avons dit : Laissons vivre le *Siècle !* c'est une chose à garder pour inspirer le dégoût de la démocratie.

Et nous l'avons laissé vivre.

Alors, lui qui était agenouillé, tremblant aux pieds du pouvoir, peu à peu il a repris confiance, s'est avancé sans bruit, s'abritant toujours derrière M. Thiers. Il a parlé d'abord des républicains de l'ordre, puis des radicaux, puis de la grande révolution, puis, pour s'égayer un peu, il a commencé une série d'articles sur « les ruines de Paris ; » ce qui était, du reste, d'une bonne administration, puisque, après avoir gagné de l'argent en démandant le renversement de la colonne, il en gagnait encore en racontant quelle figure elle faisait après qu'on l'avait démolie.

Puis, voyant toujours qu'on le laissait faire, il nous a dit que les Tuileries étaient mal faites, que nos palais expiaient leurs crimes ; il s'est plaint de l'état de siége, a dénoncé la réaction ; enfin, se démasquant tout à coup, le voilà qui rentre en scène et qui nous menace !

C'est par lui que j'apprends que le *Journal officiel* veut traduire *certaine presse* devant la justice.

Je ne sais ce qui s'est passé, et le *Figaro* est là pour se défendre. Mais, vraiment, il y a une chose que je serais curieux de voir : c'est un journal traîné devant les tribunaux pour avoir, *sur la foi d'autrui*, raconté un crime que, par extraordinaire, les républicains n'avaient pas commis encore.

Mais avant de juger les journaux qui s'embrouillent dans les forfaits de l'Internationale, il faudra bien juger ceux qui ont hâté la démolition de Paris ! ceux qui ont acclamé la Commune ! ceux qui ont dit que le triomphe de notre armée serait un désastre ! qui ont crié de faire cuire Versailles dans son jus !

Oui, il faudra d'abord juger ceux-là !

Mais qui donc rédige le *Journal officiel?* peut-on le savoir ?

Comment ! voilà l'organe du gouvernement qui n'a pas eu un mot pour flétrir *certaine presse* dont la complicité avec les assassins a été flagrante ! et la première menace qu'il fait entendre, c'est contre ceux qui ont toujours défendu l'ordre et les lois !

Mais quels sont donc les hommes qui écrivent de pareilles choses et qui s'entendent si bien avec les gens du *Siècle ?*

Après cela, qui peut le dire ?... Sait-on qui est resté de ce gouvernement sorti de la rue ?

De tous ces hommes qui ont pris le pouvoir en septembre, qui ont été délivrer des assassins à Mazas et porter des drapeaux d'honneur à Belleville, qui peut dire ceux qui sont fusillés, ceux qui sont au bagne et ceux qui nous gouvernent encore ?

Et, d'ailleurs, avons-nous le droit de nous plaindre ? Et n'est-ce pas ce que Paris a voulu ?

La prédiction s'est accomplie ! Les hommes que l'on a déportés quand nous rentrions dans Paris en flammes, les voilà qui nous gouvernent, ils administrent notre ville, ils sont tout puissants ! Mottu, Lockroy, Bonvalet, Ranc !...

Ranc, qui a fait arrêter Chaudey, et que le *Siècle* acclame aujourd'hui, parce qu'au milieu de leurs victimes et de leurs assassins, ces gens-là eux-mêmes ne peuvent plus s'y reconnaître !

Etes-vous contents, Parisiens ? Est-ce bien là ce que vous vouliez ? Sont-ce là les citoyens éclairés, les hommes d'expérience et d'affaires que vous cherchiez pour administrer votre ville ? Ah ! qui peut nier que de pareils noms vont faire renaître la confiance, ramener le crédit et rétablir vos affaires? Décidément, Paris est toujours la grande ville!... la fille de 92 et de 48!...

Intelligente population, va!... que tu es spirituelle et superbe! et bien faite pour étonner le monde!

Quand nos pauvres soldats nous disaient sur les barricades: « Laissez! laissez! tous ceux que nous n'aurons pas tués ici reviendront nous fusiller encore et peut-être nous gouverner un jour. » Ah! ils avaient trop raison!

Le soir du combat, on ne parlait que de déporter les assassins, c'était comme une proscription en masse...

Et où sont-ils maintenant, ceux qui ont déchaîné cette effroyable guerre?... Les uns nous administrent, les autres vont bientôt sortir de prison pour s'asseoir sur les bancs de la Chambre!...

Va-t-on juger quelqu'un, seulement!.. Du reste, moi je demande qu'on ne juge personne.

Pourquoi condamner ceux-ci et ménager ceux-là? Comment s'y reconnaître pendant que nos ministères, nos préfectures, nos parquets, sont encore remplis des hommes sortis de l'écume de Septembre?

Et puis nous donnerions à l'Europe un trop lamentable spectacle! Car il ne nous reste plus assez d'énergie pour punir! On n'entendrait plus parler que de clémence et de pardon.

Quel est leur crime après tout! Ils n'ont fait que massacrer les ôtages, brûler la moitié de la ville et piller nos demeures.

Allons! allons! pardonnez-leur!... Il faut bien respecter le suffrage universel et ne pas flétrir les hommes dont les complices ont l'honneur d'administrer notre capitale!

Et d'ailleurs, prenons garde! car nous qui parlons de clémence, bientôt ce sera à nous d'implorer notre pardon. Déjà voilà le *Siècle* qui nous menace. Avant peu, les incendiés paraîtront devant les incendiaires, et les victimes seront jugées par leurs bourreaux!

Mais là, vraiment, dites-moi si vous ètes contents, Parisiens? En avez-vous assez des démocrates et des pétroleurs, des disciples du *Siècle* et des incendiaires?

« Crève donc, Société! » disait Augier en sa fameuse comédie.

Oui, toi qui n'as plus ni foi, ni conscience, ni énergie, ni sentiment du crime, toi qui n'as même plus l'instinct de la conservation, crève, Société, on ne te regrettera pas!

Seulement les honnêtes gens finiront par sortir d'ici parce que la place n'y est plus tenable et que le dégoût vous monte aux lèvres.

Dans ce pêle-mêle où roulent confondus magistrats et assassins, on ne sait plus où se prendre, et on sent qu'on finirait par perdre la conscience et la raison.

Oui, il nous faudra abandonner cette ville !

Mais pendant ce temps, continuez, vous autres...

Continuez, bourgeois imbéciles qui, écrasés vingt fois, revenez toujours ébranler l'édifice qui va encore crouler sur votre tête.

Continuez, commerçants qui, ne pouvant vivre que par l'ordre, laissez toujours le pouvoir aux hommes de désordre et de pillage?

Continuez, citoyens qui avez cinq milliards à payer à l'ennemi, et qui venez de découvrir la bonne manière pour rétablir la confiance et sauver le pays!

Et vous surtout, députés de la Gauche et du Centre gauche, démocrates, libéraux et libérâtres, faites de la popularité et cherchez à plaire à la multitude!

Seulement prenez garde! car le jour où vous aurez encore démuselé la populace, peut-être vous faudra-t-il vous défendre vous-mêmes et ne plus compter sur l'armée! car, cette armée si vaillante et si fidèle qui, après huit mois d'une effroyable guerre, est accourue vous sauver, pourrait trouver que la besogne est trop lourde et trop rebutante à la fin! Et, entre cette troupe de bandits qui revient toujours à l'attaque et cette troupe de fous qui la déchaînent, et d'imbéciles qui les regardent faire, elle pourrait déclarer que c'en est trop et que tous ces gens-là ne valent pas le sang répandu ! — *Saint-Genest.*

Et depuis, et maintenant, notre situation a-t-elle changé? est-elle devenue meilleure? Chacun sait qu'elle s'empire au contraire toujours davantage.

Voici d'importants aveux que nous trouvons à ce sujet jusque dans les colonnes de la *Revue des Deux-Mondes*, qui, depuis un demi-siècle, représente la révolution voltairienne : « Ce que nous pensons tout bas, écrit-elle, les uns en se soumettant docilement à la vérité, les autres en rechignant contre les clartés de l'évidence, c'est que la banqueroute de la révolution française est désormais un fait accompli, irrévocable. En 1848, nous avions encore assez de foi dans nos principes pour éprouver de la colère contre les insensés qui les compromettaient : *Aujourd'hui l'attachement qu'ils inspirent tient à l'embarras de les remplacer et à la honte d'avouer qu'ils nous ont trompés.*

» *Il n'est pas une seule de ses promesses que la Révolution n'ait été impuissante à tenir*, pas un seul de ses principes qui n'ait engendré le contraire de lui-même et produit la conséquence de ce qu'il voulait éviter. De quelque côté qu'on regarde, *l'avortement est complet*, et l'enfant qu'elle a mis au monde, suçant le pus avec le lait, meurt de ce qui le fait vivre et vit de ce qui le fait mourir. »

Voici encore ce qu'un illustre écrivain, qui est en même temps député à l'Assemblée nationale, écrivait le 28 octobre 1873 à un autre député : « Oui, le péril social est immense; la société française marche aux abîmes; la révolution sociale gagne chaque jour du terrain, et mine le pays à des profondeurs terribles; en l'absence d'institutions fondées sur un principe de stabilité, rien, absolument rien, ne peut retarder longtemps les catastrophes; les habiletés, les expédients n'y sauraient plus suffire : aveugle qui ne le voit pas!...

« Ma conviction profonde, Monsieur, c'est que les maux de la France, si ce qui se prépare (la restauration monarchique) échoue, étonneront de nouveau le monde; nous irons, de calamités en calamités, jusqu'au dernier fond de l'abime. »

CHAPITRE II.

DEUX RÉPUBLICAINS.

Nous venons de voir ce qu'ont été ces trois républiques. Voyons maintenant ce que sont les républicains. Pour cela choisissons dans le nombre des républicains actuels les deux principaux, MM. Gambetta et Thiers, que nos républicains regardent pour leurs chefs et maîtres. Ils suffiront amplement pour nous donner une idée de ce que doivent être les autres ; nous saurons ce que c'est qu'un républicain.

I.

M. Gambetta.

1° *Ses débuts.*—M. Gambetta était jadis un pauvre avocat. Comme il était plus occupé à l'estaminet qu'au barreau, il ne fit pas fortune comme avocat... Enfin il réussit à se faire nommer dans la Chambre, où il se distingua avec ses amis en cherchant à affaiblir la France, à troubler le pays et à préparer sa république.

Elle vint, en effet, la néfaste république du 4 septembre où M. Gambetta sut devenir un personnage important, en violant son double serment d'avocat et de député, et en commettant même une *trahison en présence de l'ennemi.*

Le portrait suivant de Gambetta a été publié, le 16 septembre 1870, par Félix Pyat, dans son journal le *Combat:* « Le Gambetta qu'on sait, boit, mange et dort avec son compatriote Machiavel. Il l'a sous son chevet comme Alexandre avait Homère ! Il le sait par cœur ! si l'on a un cœur quand on sait Machiavel. Jacobin à Belleville et girondin à Marseille, pour Marat à Paris et pour M. Thiers à Aix ; sorte de Mirabeau poitrinaire, qui ne parle pas comme Mirabeau, sans doute, mais qui pourra mourir comme lui... et qui, à coup sûr, ne mourra pas comme Marat... Avocat de la pire espèce, beau parleur, moins beau penseur et fort laid moraliste, un irréconciliable assermenté, assermenté deux fois, comme député et comme avocat ! — Voilà Gambetta ! »

Il sut quitter Paris dans un ballon pour sauver, disait-il, la France et la république, et, sans doute aussi, pour échapper à la monotonie et aux inconvénients d'une ville assiégée, et surtout pour devenir maître et dictateur de la France.

Comme, dans la province, on était bien las du vieux juif Crémieux, qui lui aussi avait reçu de nos républicains la mission de sauver Paris et la France, Maître Gambetta fut reçu avec joie, presque comme un sauveur ; hélas !...

Il n'est pas nécessaire de raconter tous ses exploits loin de l'ennemi, ni comment il sut organiser la *dépense* nationale avec ses amis qui maintenant sont riches ainsi que lui-même et habitent des châteaux où le citoyen Gambetta va dîner et pérorer. — Disons cependant quelques mots des *dépenses nationales*, des *proclamations*, des *désastres* et des *rébellions* qui lui sont imputés.

2° *Dépense nationale et marchés véreux.* — Il serait difficile d'étaler plus de légèreté, d'inexpérience, d'incapacité et de passion, que ne le fit M. Gambetta dans l'administration des finances pendant cette désastreuse guerre. Il avait littéralement perdu la tête, et signait et ordonnait au hasard. C'est ce que la commission d'enquête lui fit voir clairement plus tard ; mais le dictateur étonné, stupéfait, répondait par ce seul mot : « C'est un roman. Comment, j'ai connu cette personne ? J'ai accordé un marché à cet autre ? En êtes-vous bien sûr ?... Au surplus, ajoutait-il, je n'étais pas seul à disposer de ma signature... »

Mais rapportons quelques faits qui prouvent jusqu'à l'évidence que jamais on ne poussa l'impéritie plus loin que ne le fit le prétendu gouvernement de la *Défense* nationale.

Commençons par *Malicki*, le chef du corps des Vengeurs, qui avait été condamné en Russie à six ans de détention pour vol d'argent. Voici ce que nous trouvons dans un rapport sur les marchés de Lyon :

Malicki, étant en France au moment de la guerre, vint trouver M. le procureur de la république Andrieux sous un costume de franc-tireur, et lui demanda une lettre de recommandation pour M. Gambetta. M. Andrieux l'adressa en effet à Tours et fut étonné de le voir revenir avec le grade de chef de bataillon, et un crédit de 300,000 francs pour organiser le corps des Vengeurs.

L'acte qui constituait les Vengeurs est un décret du 14 novembre ainsi concu : « M. le ministre de la guerre et de l'intérieur ouvre à M. le préfet du Rhône, sur les fonds de l'intérieur, un crédit de 300,000 francs. Le préfet délivrera les fonds demandés par le chef du corps des *Vengeurs* sur ordonnances délivrées par M. Andrieux, procureur de la république à Lyon, assisté d'un Comité de notables citoyens de cette ville. »

C'est ainsi que Malicki obtint les considérables avances suivantes :

19 novembre, 30,000 fr.
24 novembre, 70,000
2 décembre, 60,000
5 décembre, 101,000

Cependant Malicki ne bougeait pas de Tarare, où il avait transporté son quartier général dans la seconde quinzaine de décembre : il était prêt à partir, mais tantôt c'était le général Bressoles qui ne lui donnait pas l'ordre, tantôt c'était la réparation des armes qui le retardait. Il partira cependant, il le promet à M. Andrieux, il rassure M. Ganguet : « Ai argent chez procureur, en ai sur moi, garantis toujours. Aidez votre ami Malicki ; » au ministère de la guerre qui avait pris la peine de lui donner un chiffre et de communiquer avec lui par dépêches secrètes, il annonce le jour de son départ. Le 21 décembre, il écrit à M. Andrieux : « Pars demain... Toujours fidèle, dévoué, Malicki. »

Le lendemain, il ne part pas, mais écrit à Ganguet : « Temps presse, brûle. » Il télégraphie le 27 décembre à M. Andrieux : « Envoyez 10,000 fr., demain je me battrai probablement, la grande opération commencera le 30 décembre. » M. Andrieux, toujours plein de confiance, écrit le 28 décembre : « Je prie M. le préfet du Rhône de me faire délivrer cette somme sur ma quittance pour être envoyée à la destination indiquée. »

Mais Malicki avait déjà déserté. Ayant

reçu l'ordre de diriger ses Vengeurs contre un corps prussien, il s'enfuit en Suisse avec 45,000 fr. environ qui lui restaient. Le conseil de guerre de la 9e division militaire l'a condamné, le 13 septembre 1871, à 20 ans de travaux forcés pour désertion en présence de l'ennemi, et vol des deniers appartenant à l'Etat dont il était comptable.

M. le duc d'Audiffret-Pasquier parlant à la Chambre, dans la séance du 1er février 1873, des marchés de Lyon, commença par l'affaire des fusils italiens achetés par M. Outhier : « M. Outhier, dit-il, était menuisier. Il va en Italie délégué par le Conseil municipal de Lyon. S'informe-t-il qu'il y a en Italie des agents français, un consul? Il aurait appris que le gouvernement français s'était occupé depuis longtemps d'achats de fusils, et qu'il offrait entre 10 et 18 fr. M. Outhier se met en rapport avec M. Rognetta.

« Et qui est le contrôleur de la fourniture? Le fournisseur lui-même, M. Rognetta. On expédie les fusils. Les chiens ont le mal de mer. (Rire général.) Et les réparations, par qui sont-elles faites? Ces fusils achetés par un menuisier, sont réparés par ses soins, sous le contrôle d'un oculiste. (Nouveaux rires.) Est-ce là agir régulièrement? »

Relativement à l'affaire Sparre, l'orateur critique les conditions fort onéreuses d'un traité en vertu duquel le mille de cartouches revenait à 125 fr. Détail à noter : ce traité a été signé en partie double et même triple. En d'autres termes, il y a eu un premier traité conclu avec M. Sparre par M. Ferrouillat, un second absolument identique conclu par M. Challemel-Lacour, enfin un troisième traité qui a remplacé les deux autres.

« Et le résultat de tout cela, continue l'orateur, a été pour M. Sparre l'encaissement d'une somme nette de 200,000 fr., bien que M. Sparre n'eût pas fait les livraisons stipulées. Voilà pour les cartouches. La même critique s'applique aux achats de poudre et de canons. Tout a été payé plus cher que les prix réguliers. En ce qui concerne spécialement les canons, dont la fabrication s'est prolongée au-delà d'une année après la conclusion de la paix, aucun de ces canons n'a été reconnu bon, aucun d'eux n'a été accepté ni par l'Etat ni par aucun département. Tous se sont trouvés être des *rossignols*... » (Applaudissements à droite.)

Ce sont également de pareils canons que le citoyen Naquet, ami de M. Gambetta, faisait payer 70,000 fr.; tandis qu'on aurait pu avoir de bons canons pour 10,000 fr. Qui, encore, n'a entendu parler des fusils de fer blanc et des souliers de carton du dictateur Gambetta, de ce partisan de la guerre à outrance?

Ce n'est pas tout. M. Gambetta trouvait

encore moyen de prêter au *Siècle* 100,000 francs pris dans le Trésor public; pendant que son subordonné M. Steenackers, directeur général des télégraphes, envoyait ses articles au même journal, par le télégraphe de Tours à Poitiers. *Cela coûtait cher à la pauvre France;* mais le *Siècle* marchait.

M. de Lorgeril avait donc bien raison de dire, dans un discours au Comice agricole de Broons : « En France, on oublie vite, aussi n'est-il jamais mal à propos de rappeler le passé pour y puiser de bons enseignements. Eh bien! rappelez-vous que ces hommes qui vous remplissent les oreilles de calomnies et de mensonges sont ceux-là mêmes qui, il n'y a pas longtemps et lorsque la guerre fut devenue impossible, dans le seul but de *prolonger le pillage organisé* sur toute la ligne, déclaraient qu'il fallait la « guerre à outrance », arrachaient vos fils à leurs travaux pour les envoyer sans armes geler dans la boue et dans la neige, réquisitionnaient vos chevaux et vos voitures, et prodiguaient pour d'indignes fripons ou pour d'indignes motifs l'or et le sang de la France... »

Nous disions que M. Gambetta allait dîner et pérorer dans les châteaux de ses amis devenus grands seigneurs depuis le 4 septembre. Mais voici ce qui arriva en août 73: comme il se trouvait au château de Lesnevar chez un sien ami nommé Ferrand, ancien fournisseur de l'armée pendant la guerre : Ferrand fut arrêté par la police, conduit à Quimper, puis à Paris afin de rendre compte de ses vols et fraudes pendant la guerre, où il a fourni des bœufs coûtant une moyenne de trois à quatre mille francs l'un.

Ferrand fut condamné, le 25 mars 1874 par la 7e chambre, à 3 ans d'emprisonnement, 3,000 fr. d'amende et à des dommages-intérêts. — La Cour d'appel vient de confirmer ce jugement et de condamner le prévenu à la restitution envers l'Etat de 173,582 fr. en plus de la somme fixée par le premier jugement ; — et, en outre, condamne Lemoine à 72,282 fr., Delaville à 60,000 fr., veuve Lebarazer à 35,371 fr. de restitution envers l'Etat.

Ce M. Ferrand, châtelain de Lesnevar, ami concussionnaire de M. Gambetta, ancien sous-officier de l'armée d'Afrique, ancien négociant en crin végétal, se trouvait en 1870 à Paris dans un état de fortune très-peu satisfaisant, lorsque la capitale fut investie par les Prussiens. Il suivit alors en ballon son maître qui le chargea de fournir à la *défaite nationale* des bœufs, des bœufs et encore des bœufs, moyennant un crédit de 31 millions à lui ouvert par avance, sur la seule garantie de sa bonne mine; et M. Ferrand touchait le prix de ses bœufs avant même de savoir où les prendre.

« Les événements, dit à ce sujet l'*Océan*,

qui ont eu pour la France des conséquences si désastreuses, devaient avoir pour M. Ferrand le contre-coup le plus heureux. A la suite de nos revers, l'ancien sous-officier achetait Lesnevar sur *ses économies...* Tout y est d'un luxe princier et du *meilleur goût.* C'est un hommage que nous nous plaisons à rendre à cet austère républicain. Salle à manger en vieux chêne, bahuts de toute beauté, chambres à coucher plus qu'irréprochables, salons splendides, boudoir capitonné, satin et or, et le portrait du maître... Gambetta, le dauphin borgne, s'étalant à la place d'honneur. Comme de juste! — Maison de garde qu'envierait plus d'un bourgeois, douze voitures sous la remise, chevaux rapides, écuries princières, etc... Vive cette bonne république si douce à ses farouches adeptes! »

Mais voici qui est encore bien plus fort : Au mois de février 1871, à Bordeaux, le ministre des finances, M. Pouyer-Quertier, dit à l'Assemblée : « Je suis en présence d'une dépense de plus de 575 millions faite par la délégation de Tours et de Bordeaux; et les pièces fournies par cette portion du gouvernement de la Défense nationale ne donnent de justification que pour 175 millions, c'est-à-dire que 400 *millions ont disparu* sans qu'on puisse savoir comment. »

400 millions! presque un demi-milliard; cela fait une jolie somme, n'est-ce pas?

Avec cela on peut acheter maints châteaux et bien autre chose encore...

« Le bruit court, disait *Paris-Journal*, que M. Gambetta vient d'acheter aux environs de Bordeaux et de payer treize cent mille francs comptant une magnifique propriété. Les fonds auraient été retirés par l'ex-dictateur de chez un banquier espagnol, auquel il les avait confiés... »

« Nous avons dit l'an dernier, lisons-nous dans la *Décentralisation*, tenir de bonne source qu'un membre du gouvernement de la Défense nationale avait fait chez un banquier de Saint-Sébastien un dépôt de trois millions. Ce dépôt n'est pas le seul. Un de nos amis, qui habite Madrid, vient d'écrire à son frère qu'une somme de six millions a été aussi déposée à la banque de San Fernando de Madrid. Seulement ce dernier dépôt est au nom du père de l'ex-ministre; une lettre récente de ce père réclamant ses arrérages a passé sous les yeux de la personne qui nous fournit ce renseignement.

« D'où viennent ces millions? »

3° *Proclamations mensongères.* — Le dictateur Gambetta excella pendant la guerre en belles proclamations, où il montra, selon son habitude, sa jactance gasconne et son imperturbable confiance en lui-même, et où il se préoccupa beaucoup plus de sa république que de la France.

Ainsi dans sa première proclamation il disait que « la république sera fondée et à l'abri des conspirateurs et des réactionnaires. »

Il savait y faire résonner ces phrases à effet qui lui sont familières et qui éblouissent à première vue, comme : « Paris, depuis 17 jours étroitement investi, a donné au monde un spectacle unique... Paris est inexpugnable, il ne peut plus être ni pris ni surpris... Tant qu'il restera un pouce du sol sacré sous nos semelles, nous tiendrons ferme le glorieux drapeau de la Révolution française... Bazaine, le typhus et l'insomnie sont, de l'aveu des officiers prussiens, leurs trois grands ennemis... »

Comme on le voit, M. Gambetta, dans ses proclamations, n'avait pas grand souci de la vérité et le mensonge ne lui répugnait guère (il en a donné des preuves). Le 15 octobre il disait : « Voici le bulletin de la première victoire : sur toute la ceinture les Prussiens ont été délogés des positions qu'ils occupaient depuis trois semaines. »

Il chercha à égarer l'opinion jusqu'au moment où la fatale nouvelle de la capitulation de Metz arriva comme un véritable coup de foudre. Le 29 octobre, lorsqu'il disait : « Je n'ai aucune espèce de renseignements officiels, » il savait de source certaine que la capitulation était un fait accompli, mais il lui fallait préparer son coup de théâtre. — De tels procédés sont bons pour des dramaturges, mais ils ne conviennent jamais au chef, même momentané, d'un grand peuple.

Mais M. Gambetta avait le jugement prompt et la calomnie facile, surtout lorsqu'il y avait intérêt. Dans cette question, n'ayant rien tenté pour délivrer Metz aux abois, il avait intérêt à établir que la capitulation était imprévue et qu'elle n'avait pu être amenée que par la trahison. Pour fortifier sa thèse, il ne craignait pas de faire falsifier par l'officieuse *Agence Havas* les renseignements donnés par les journaux étrangers.

Un des graves inconvénients de ses proclamations, indépendamment des suspicions qu'elles suscitaient dans l'armée, où il n'y en avait déjà que trop, c'était de rendre la découverte de la vérité presque impossible.

En débarquant de ballon, il avait dit que la mauvaise saison allait combattre pour nous les Prussiens, et à Lille, vers la fin de la guerre, il déclarait sérieusement que la guerre commencerait au printemps. Il paraît que, malgré les milliers d'hommes tués et prisonniers, malgré les départements ravagés, pour M. Gambetta on n'avait pas encore commencé à se battre.

4° *Désastres.* — Mais ce qu'il y a de plus triste et de plus déplorable encore, c'est d'avoir voulu, lui pauvre avocat manqué, imposer ses ineptes fantaisies aux généraux ; d'avoir tracé, loin du théâtre de la guerre, les plans de bataille qu'ils devaient suivre, et occasionné ainsi la perte de nos armées et mis le comble à nos malheurs.

De bons généraux que les frères et amis ne trouvaient pas assez républicains furent mis de côté et remplacés par de *jeunes généraux* qui firent preuve partout de l'ineptie la plus complète.

« On retrouve, dit M. A. Rastoul, dans les mesures militaires prises par le dictateur les mêmes défauts : absence complète d'esprit de suite, concessions continuelles aux révolutionnaires avancés, engouement de 1792, et surtout infatuation de soi-même. Dès le commencement, cette infatuation se fit voir. M. Crémieux avait excité la risée et l'indignation générales en prenant le ministère de la guerre ; M. Gambetta commit la même faute. Bientôt, non content de placer et de déplacer les généraux, de commander et décommander les camps et les levées en masse, il se mit à faire avec son entourage de la haute stratégie en chambre. Loin du théâtre des opérations, incapable d'apprécier la situation réelle des armées en présence, il prescrivait des mouvements et rendait les généraux responsables des défaites qu'il leur avait fait essuyer. Les conseillers de M. Gambetta, dans ses plans de campagne, n'étaient même pas des généraux, c'étaient des avocats, des ingénieurs comme M. de Serre, l'auteur principal de notre désastre de l'Est et de la tentative de suicide du général Bourbaki. Le général Faidherbe lui-même, un des favoris du dictateur, n'échappa pas à ses ordres et se vit forcé de livrer près de Saint-Quentin une bataille inégale et inutile... M. Gambetta se montre, lui avocat hier inconnu, dirigeant les opérations militaires du fond de son cabinet ; il parle sérieusement de l'opinion du conseil du gouvernement, composé de MM. Crémieux et Glais-Bizoin, qui opinaient du bonnet et approuvaient tout ce que disait et faisait leur peu patient collègue. C'est donc à lui qu'incombe la responsabilité à peu près entière de nos désastres militaires. »

Mais il y avait bien autre chose que de l'inepte présomption chez ce ridicule ministre de la guerre ; c'est encore de haute trahison, peut-on dire, que s'est rendu coupable M. Gambetta, ainsi qu'il ressort des dépositions de M. de Kératry et des révélations du rapport sur l'organisation du fameux *camp de Conlie*, pour ne citer que cet exemple.

En effet, jusqu'au dernier moment le dictateur refusa, par mauvaise volonté, d'armer 50,000 braves mobiles bretons pour la seule raison qu'ils ne lui étaient pas assez républicains.

Les mobilisés bretons voyant la patrie en danger étaient accourus avec empressement et dévouement, comme le prouve le rapport de M. de La Borderie : « La Bretagne, dit-il, avait donné au premier appel, à la défense nationale, tout ce que le gouvernement lui demandait en hommes et en argent. Le gouvernement dépensa l'argent, imposa aux hommes trois mois de souffrances.... »

Toujours l'armement leur a manqué, et manqué par la mauvaise volonté de M. Gambetta.

Ainsi M. de Kératry, sachant qu'il y avait 3,200 chassepots disponibles dans l'arsenal de Brest, les demanda. M. Gambetta les lui promit par deux dépêches et disait, entre autre, dans la seconde :

« Tours, 1er novembre.

Guerre à général Kératry. — Urgent.

Je vous confirme ma dépêche précédente vous annonçant *que je suis résolu à seconder, par tous les moyens en mon pouvoir, la mision dont vous êtes chargé.* Ordre formel a été donné à Roussin, du ministère de la marine, de lever tous les obstacles... Agissez avec la dernière énergie. Communiquez la présente dépêche à toute personne tentée de vous opposer résistance. »

M. de Kératry communiqua cette dépèche, et au moment où il comptait sur la remise des chassepots, le directeur de l'artillerie de Brest lui répondit :

« Mon général, ayant l'ordre de ne délivrer de chassepots que sur une décision du ministre de la guerre, j'ai dû l'aviser et je vous communique sa réponse (ainsi conçue) : « Je vous autorise à délivrer sur demande du général Kératry, des fusils ou carabines à percussion. *Ne laissez prendre sous aucun prétexte les fusils et cartouches chassepot...* » — J'ai le regret d'ajouter, mon général, qu'il n'y a plus ici de fusils ni de carabines à percussion. »

Il est difficile de pousser la dérision plus loin. Mais, sans perdre courage, M. de Kératry fit de nouvelles tentatives, reçut de nouvelles promesses qui, à la longue, n'eurent d'autre résultat que de lui procurer des fusils vieux ou défectueux dont on ne pouvait se servir. Ce qui faisait dire à un général : « Nos braves mobiles qui allaient se battre contre les Prussiens étaient armés de vieux fusils à percussion. — Il arrivait souvent que la baguette destinée à enfoncer la charge de poudre était retenue dans la rainure du fusil, et j'ai vu souvent deux mobiles employés à charger un fusil ; l'un tenait vigoureusement le fusil par la crosse, tandis que l'autre s'efforçait de tirer la baguette du fusil » Et c'est avec cela que M. Gambetta ordonnait de marcher contre les Prussiens !

On ne pouvait pas alléguer que les armes manquassent ; car il résulte d'un relevé fait par la commission compétente, qu'au moment où l'on refusait d'armer les mobilisés bretons de fusils à tir rapide, il y avait dans les arsenaux plus de 40,000 de ces fusils disponibles. Combien M. de Kératry avait-il donc raison de reprocher au dictateur de refuser des armes aux mobilisés bretons, alors que le dernier aventurier qui se présentait à Tours criant : Vive la république, en emportait des armes à tir rapide.

Enfin, devant ainsi marcher à l'ennemi, M. de Kératry perdit patience : « Je refuse net de marcher, écrivit-il, et l'on verra le camp se dissoudre s'il n'est pas donné d'armes perfectionnées. Je ne veux nullement conduire mes hommes *à un désastre certain*... Les deux tiers de mes hommes sont non armés... La Bretagne est indignée de ce qui se passe. On m'a bercé de promesses illusoires... »

Plus tard M. de Kératry recevait l'ordre de se diriger sur Connerré ; mais apprenant que les Prussiens y arrivaient en force, il en prévient M. Gambetta, qui nie l'occupation de Connerré, et maintient ses instructions. Heureusement elles ne furent pas exécutées ; si M. de Kératry les avait suivies, la division bretonne était prise d'un seul coup de filet.

Cependant M. Gambetta cherchait en

apparence à paraître bien disposé, mais sous main, il ordonnait à ses préfets d'entraver l'œuvre de M. Kératry ; nous en avons déjà vu de nombreuses preuves, en voici encore une dans le télégramme suivant :

Le Mans, 24 novembre 1870,
4 h. 5 m., matin.

Ministre guerre à Directeur artillerie, Rennes.

Je vous donne l'ordre formel de ne rien délivrer, ni en matériel, ni en munitions, à M. de Kératry ou à ses lieutenants sans une autorisation explicite de ma part ou de mon délégué à Tours. Suspendez donc d'urgence toutes livraisons de cartouches, batteries, mitrailleuses et autre matériel. — Avez-vous expédié 50,000 cartouches à M. de Kératry ? Si non, gardez-vous de lui expédier ces cartouches ; envoyez-les au Mans. — Signé : *Léon Gambetta.*

Le général de Marivault ne fut pas plus heureux que M. de Kératry, et, lorsqu'il reçut l'ordre d'envoyer ses mobilisés au général Chanzy, qui battait en retraite sur le Mans, il prévint M. Gambetta et le général Chanzy que ses hommes, dont la plupart n'étaient pas encore armés, ne pouvaient être mis en ligne. Malgré cet avis, plusieurs fois répété, les mobilisés bretons furent placés dans un endroit difficile, par suite de l'absence d'une division arrêtée par l'armée prussienne. La bataille du Mans est du 11 janvier, et certains bataillons reçurent leurs armes, très-défectueuses, seulement le 10; les officiers et les aumôniers durent charger les fusils des soldats, incapables de le faire. Et, après cela, on viendra accuser les mobilisés bretons qui, armés de la veille et mal armés, n'ont pas tenu devant des troupes aguerries!

Ainsi, suivant la réflexion trop juste de M. de La Borderie, « d'une main on poussait les Bretons au combat, de l'autre on leur refusait les moyens de combattre. » Ah! pauvre, pauvre France!!

Est-il donc étonnant que la situation de nos armées au 28 janvier nous amène à ce triste résultat que ne faisaient pas supposer les proclamations de M. Gambetta et ses lettres à M. Jules Favre: dans l'Est, plus d'armée, sauf les garibaldiens et quelques milliers d'hommes qui avaient pu s'échapper, et gagner Lyon avec les généraux Cremer et Bressolles; à l'ouest, l'armée de Chanzy en retraite et désorganisée; au Nord, l'armée de Faidherbe à peu près dans le même état. Au Hâvre, dans le Loir-et-Cher et dans la Nièvre, il y avait des corps intacts sous les généraux Loysel, Pourcet et de Pointe de Gévigny, mais ces corps étaient peu importants. Dans les camps et dans les villes, des hommes en assez grand nombre, mais beaucoup n'étaient ni exercés, ni même armés... Et malgré tout, ce dictateur, ce fou-furieux, faut-il dire, ne voulait ni paix, ni armistice ; mais toujours continuer la « guerre à outrance, *résistance jusqu'à complet épuisement.* » Nous allons voir pourquoi.

5° *Despotisme et rébellions.* — M. Gambetta tenait à son pouvoir dictatorial, il en était fier et en usait en despote, comme un vrai parvenu. Mais, comme on commençait à être las de sa dictature, en voyant la situation devenir toujours plus mauvaise, la demande de la réunion de l'Assemblée nationale, timide au commencement, s'accentua chaque jour davantage. Le dictateur y répondit par la circulaire suivante aux préfets :

« Monsieur le préfet,

» Je vous transmets une pétition demandant la réunion de l'Assemblée nationale ; il y a là une propagande ; je vous prie de réunir les faits qui pourraient me mettre sur la voie de pareils abus et me *signaler les promoteurs* de ce mouvement fâcheux. »

Mais, non content de cette mesure arbitraire et tyrannique, le 25 décembre *il dissolvait* encore *les conseils généraux et d'arrondissement*. C'étaient les seuls corps électifs qui existassent encore, la plupart des conseils municipaux ayant été dissous et remplacés par des commissions.

Et quelles raisons donnait-on de cette dissolution ? Aucune. — Divers conseils généraux protestèrent contre cette mesure arbitraire et despotique. Bornons-nous à citer celle que M. le comte Daru adressa le 6 janvier à M. Gambetta, au nom du conseil général de la Manche, et qui est très-digne :

« Monsieur,

« Vous nous avez demandé tous nos enfants ; nous vous les avons donnés. Ils sont partis avec empressement ; il n'y a pas un seul réfractaire parmi eux, et leur sang coule abondamment sur les champs de bataille de la Loire et de l'armée de Paris.

« *Vous n'avez pas voulu de contrôle ;* vous avez voulu disposer souverainement de la politique, des forces, des richesses de la France. Confiante dans votre patriotisme, la France y a consenti.

« Mais elle a droit de vous demander pourquoi, après avoir frappé de dissolution le Corps législatif, vous frappez de dissolution les conseils généraux... substituant ainsi à la représentation départementale, l'omnipotence préfectorale...

« L'intérêt supérieur de la défense nationale doit dominer aujourd'hui tous les autres intérêts. Je me garderai donc d'imiter l'exemple que vous donnez en jetant dans le pays des germes de discorde par des mesures semblables à celles contre laquelle je m'élève...

« Recevez, etc. »

Le 29 janvier, lorsque déjà l'armistice était signé et connu à Bordeaux, lorsque, par conséquent, les pouvoirs de la délégation avaient cessé, par suite du rétablissement des communications, M. Gambetta, sans respect pour le principe de l'inamovibilité de la magistrature, *destituait treize magistrats inamovibles*, parce qu'ils avaient siégé dans les commissions mixtes de 1852. Ce décret fut antidaté et reporté au 20 janvier.

Mais venons au dernier incident de la dictature de M. Gambetta, à *sa lutte contre le gouvernement* de la Défense nationale, dont il était simplement le délégué.

A la suite des graves événements du 21 et du 22 janvier, et du remplacement du général Trochu par le général Vinoy, les nouvelles de Paris firent tout à coup défaut. Mais dans la nuit du 29 janvier, la délégation du gouvernement, établie à Bordeaux, reçut le télégramme suivant :

« DÉPÊCHE TÉLÉGRAPHIQUE.

Versailles, 28 janvier 1871,
à 11 h. 15 du soir.

M. Jules Favre, ministre des affaires étrangères, à la délégation de Bordeaux. — Recommandée.

Nous signons aujourd'hui un traité avec M. le comte de Bismark. Un armistice de vingt-et-un jours est convenu. Une Assemblée est convoquée à Bordeaux pour le 15 février. — Faites connaître cette nouvelle à toute la France. — Faites exécuter l'armistice, et convoquez les électeurs pour le 8 février. — Un membre du gouvernement va partir pour Bordeaux.

Signé : JULES FAVRE. »

Le jour même, M. Gambetta rentrait à Bordeaux et lançait, le 31 janvier, trois longues dépêches.

Dans la première nous lisons : «... La politique soutenue en pratique par le ministre de l'intérieur est toujours la même : *guerre à outrance, résistance jusqu'à complet épuisement...* » — Après ce que nous avons vu, quelle démence !

La seconde dépêche était consacrée à faire connaître les conditions de l'armistice ; M. Gambetta s'y préparait les moyens de rejeter sur M. Jules Favre la responsabilité du désastre de notre armée de l'Est.

La troisième dépêche était un véritable *appel à la révolte* contre le gouvernement de la Défense nationale; M. Gambetta n'avait pas même attendu la fin du délai qu'il s'était fixé. Voici quelques extraits de cette proclamation, qui eut un très-grand retentissement :

« Citoyens,

» L'étranger vient d'infliger à la France la plus cruelle injure qu'il lui ait été donné d'essuyer dans cette guerre maudite, châtiment démésuré des erreurs et des faiblesses d'un grand peuple... Mais comme si la mauvaise fortune tenait à nous accabler, quelque chose de plus sinistre et de plus douloureux que la chute de Paris nous attendait.

» On a signé, *à notre insu*, sans nous avertir (1), un armistice dont nous n'avons connu que tardivement la *coupable légèreté*... Cependant personne ne vient de Paris, et il faut agir; il faut, coûte que coûte, déjouer les perfides combinaisons des ennemis de la France... Il dépend de

(1) Il aurait fallu avertir et, sans doute, consulter M. Gambetta, puis attendre sa réponse, quand toute communication était interrompue; et, pendant tout ce temps-là, la population de Paris aurait souffert de la famine, et la France continué d'être ravagée! Ce serait odieux si ce n'était grotesque.

nous que ces calculs avortent, et que les instruments mêmes qui ont été préparés pour tuer l'esprit de résistance, le ramènent et l'exaltent...

« Il faut nous serrer tous autour de la République, faire preuve surtout de sang-froid et de fermeté d'âme ; n'ayons ni passion, ni faiblesse ; *jurons* simplement, comme des hommes libres, *de défendre* ENVERS ET CONTRE TOUS la France et la République.

« Aux armes ! Vive la France ! Vive la République ! »

Avec cet *appel à la guerre civile*, commentée par ses préfets, M. Gambetta se croyait sans doute maître de la situation. Il reçut une première leçon de quelques préfets qui ne voulurent pas se prêter au rôle qu'il leur destinait.

« Votre proclamation..., lui répondit le préfet du Calvados, M. Delorme, est *une accusation publique contre le gouvernement de Paris*, dont vous n'êtes que le ministre ou la délégation. Elle est fatalement *un appel à la guerre civile*. Telle qu'elle est, il est de mon devoir de vous déclarer que je ne saurais obéir à l'invitation que vous me faites de la publier... »

M. Delorme fut immédiatement destitué ; mais sa disgrâce lui valut d'être porté sur la liste des candidats conservateurs et d'être élu.

En même temps qu'il lançait sa proclamation et convoquait les électeurs pour le 8 février, M. Gambetta portait *atteinte à la liberté électorale* en frappant d'exclusion: 1° tous ceux qui avant le 4 septembre 1870 avaient accepté les fonctions de ministre, sénateur, conseiller d'Etat et préfet; 2° tous ceux qui, avant la même date, avaient accepté la candidature officielle.

« Art. 3. — Sont nuls, de nullité absolue, les bulletins de vote portant les noms des individus compris dans les catégories ci-dessus désignées. — Ces bulletins ne seront pas comptés dans la supputation des voix. »

Voilà la liberté et l'égalité sous maître Gambetta!

Les représentants de la presse, « réservant tous les droits et l'indépendance absolue des électeurs, » protestèrent contre ce décret. Avant de publier leur protestation, ils envoyèrent trois délégués auprès de M. Jules Simon, le membre annoncé du gouvernement de Paris, qui venait d'arriver. Celui-ci leur annonça l'existence d'un décret du gouvernement de Paris laissant aux électeurs toute leur liberté. Il ajouta qu'il avait cherché à se mettre d'accord avec les membres de la délégation et que, ne pouvant y parvenir, il avait télégraphié à Paris. On a su depuis que sa dépêche n'avait pas été envoyée. Le fait a été affirmé à la tribune par M. Jules Simon lui-même.

Ce n'est pas tout. Le 3 février, tous les journaux ayant reçu une proclamation de M. Jules Simon expliquant ce qui s'était passé, et un décret déclarant nulles toutes les exclusions édictées par M. Gambetta, celui-ci *fit saisir* le soir même tous *les journaux* qui avaient inséré ces deux pièces. Les autres qui les publièrent le lendemain, s'attendaient au même sort, mais le dictateur recula devant l'attitude de la presse.

Les journaux avaient fait, contre la saisie arbitraire dont leurs confrères étaient victimes, une protestation collective, qu'on était allé déposer chez M. Jules Simon. Il fallait que M. Gambetta reculât ou en vînt aux mesures de rigueur. Un moment le bruit courut qu'il allait agir, et les journalistes furent officieusement invités à prendre leurs précautions; on affirmait que quarante-trois mandats d'amener avaient été lancés; ce bruit n'a jamais été bien catégoriquement démenti. Le 5, il y eut, entre M. Jules Simon et M. Gambetta, une espèce de trêve. Et, ce n'est qu'à l'arrivée de trois nouveaux membres du gouvernement de Paris, que le despotique dictateur céda enfin et donna sa démission.

Ici se termine la dictature que M. Gambetta s'arrogea pendant la guerre. Mais depuis il n'a toujours fait que continuer à exciter le pays à la révolte, à la guerre civile, à la dissolution de l'Assemblée nationale *afin de ressaisir le pouvoir*, comme M. Audiffret-Pasquier le lui a dit dans la séance du 14 décembre 1872.

Un autre illustre député de l'Assemblée nationale, M. de Belcastel, après avoir, dans la séance du 22 mai 1872, stigmatisé les fautes de l'Empire, arrive aux hommes du 4 septembre :

M. de Belcastel. — ... Quant à M. Gambetta, cet autre César... (Rumeurs sur quelques bancs à gauche. — Applaudissements à droite et au centre.) Messieurs, permettez-moi ce mot, car il est des Césars de toutes les tailles, et ces régimes d'aventure ne s'accordent qu'en un seul point, celui de nous donner des maîtres. (C'est cela ! — Très-bien ! très-bien ! à droite.)

Quant à M. Gambetta et aux hommes du 4 septembre, je leur dirai qu'il y a deux crimes de lèze-nation dont ils ne se laveront jamais...

De telle sorte, Messieurs, qu'il est arrivé ceci : on s'est conduit, en fait, comme si la devise était : « Périsse la fortune française plutôt que la république... La France a subi, vous le savez, un immense revers, et si la Lorraine, après l'Alsace, a été perdue, le coupable vous le connaissez, c'est le 4 septembre !...

Une moralité, Messieurs, est à tirer de cet étrange drame et la voici : Aucun gouvernement révolutionnaire n'a porté bonheur à la France! (Rumeurs à gauche.) — Non, Messieurs, aucun et jamais!»

Ces paroles d'un grand sens valent à M. de Belcastel des applaudissements et des félicitations presque unanimes.

Quelle honte pour notre belle et noble France d'avoir été ainsi menée par un Gambetta, cet ancien culotteur de pipes du quartier latin, incapable d'être avocat et devenu dictateur, maître de l'argent, du sang et de l'avenir de la France. Cet homme, ce fou furieux, ne mériterait-il pas qu'on lui fît son procès; ou plutôt qu'on le renfermât dans une maison d'aliénés?

Donc ineptie et orgueil, pillage et trahison, despotisme et folie furieuse, voilà le fameux citoyen Gambetta... Applaudissez, républicains, c'est votre chef! — Mais M. Thiers, diront-ils.

II.

M. Tiers.

1º *Qu'est ce donc que M. Thiers?* — *Est-il vraiment républicain?* — Mais voici les jugements qu'à différentes époques il a porté sur la république.

Dans un discours prononcé en 1834 sur la république, il disait : « La république a été essayée d'une manière concluante, suivant nous... Il y a eu une république sanglante pendant un an ; mais pendant huit à neuf ans, c'était une république qui avait l'intention d'être modérée et qui a été essayée par des hommes honnêtes et capables,... Cependant, en quelques années, *le désordre était partout ;* ces hommes d'Etat étaient honnêtes, et cependant *le Trésor était livré au pillage ;* personne n'obéissait ; les généraux les plus modestes refusaient d'obéir aux ordres du gouvernement : *c'était un mépris, un chaos universel.* Il a fallu que des généraux vinssent renverser ce gouvernement (passez-moi l'expression), à coups de pied et le mettre à sa place.

« Ainsi, dans ces dix ans, *il s'est fait en*

France une expérience concluante sous les deux rapports. Il y a eu une république non-seulement sanglante, mais une république clémente, qui voulait être modérée, *et qui n'est arrivée qu'au mépris*, quoique en majorité les hommes qui la dirigeaient fussent d'honnêtes gens.

» Aussi la France en a eu horreur ! Quand on lui parle république, elle recule épouvantée. *Elle sait que ce gouvernement tourne au sang ou à l'imbécillité.* »

Voilà ce que M. Thiers pensait et disait de la république, même avant les journées de juin 48 et avant la Commune de 71, ainsi que M. Lorgeril l'a rappelé du haut de la tribune, dans la séance de l'Assemblée nationale du 27 mars 1872, et que la plupart des journaux l'ont alors publié pendant plusieurs mois.

Voici encore, d'après l'*Indépendant de l'Aube*, une autre condamnation de la république bien plus récente et en même temps une déclaration légitimiste de M. Thiers. C'était à Bordeaux, en 1871, dans les premiers jours d'existence de l'Assemblée nationale ; M. Thiers se trouvant, dans son salon, avec un de nos plus éminents prélats (nous pourrions le nommer), lui tint à peu près ce langage : « Monseigneur, j'ai à me faire pardonner beaucoup de péchés de jeunesse. J'ai combattu contre la souveraineté légitime, et le souvenir de sa chute, à laquelle je ne suis pas étranger, est pour moi un remords de tous les instants...

« Quant à la république, il est inutile d'en parler : elle est incompatible avec nos mœurs, avec nos habitudes; elle est et restera toujours *impossible en France.* Le salut de la France est dans le retour à la légitimité ; aussi, Monseigneur, je renie mon passé et je me déclare fermement légitimiste. »

Le journal que nous citons ne dit pas quel est le prélat auquel M. Thiers a expliqué, il y a trois ans, ce programme très peu républicain. Mais le fait est bien positif, et nous pourrions peut-être ajouter que l'évêque dont il est parlé dans cette note est Mgr Lavigerie.

2° *M. Thiers est donc royaliste, légitimiste?* — Pas du tout. Lorsqu'il parlait ainsi, il n'était que simple député. La Chambre en fit un chef du pouvoir exécutif. Alors son insatiable ambition se réveilla. Il entrevit la possibilité de devenir président à vie et sacrifia la France à son ambition sénile en s'opposant par les plus basses intrigues au rétablissement de la royauté, qui, comme il l'avait dit, pouvait seul sauver la France. Et cette république que naguère il déclarait impossible, devint, pour lui, le gouvernement qui nous divise le moins. Il mina sourdement le parti conservateur de l'Assemblée, prit des engagements avec le radicalisme, et conduisit notre patrie sur les bords de cet abîme au fond duquel le changement parlementaire du 24 mai empêcha la France de rouler.

On lisait dans les journaux, l'année dernière, une anecdote de la jeunesse de M. Thiers qui nous le montre à Aix, en parlotte d'étudiants et en *venta* de carbonari, un crucifix à la main, recevant le serment de haine à la royauté que fait un autre gamin nommé Michel (de Bourges), puis prêtant à son tour le même serment sur le même crucifix que tient le même Michel. Nous ne savons si l'anecdote est exacte, mais dans le fond nous la tenons pour vraie. Quand même M. Thiers n'aurait pas fait ce serment, il l'a manifestement observé toute sa vie. C'est ainsi que nous le voyons maintenant encore n'avoir pas honte de s'allier toujours davantage aux radicaux et aux communeux.

3° *Mais alors qu'est-il donc?* — M. Pelletan, avec les radicaux, a dit : C'est notre *cheval de renfort* pour nous aider à monter la côte de la république, vers le bienheureux sommet où se trouve notre douce et fraternelle Commune. Cependant M. Thiers croyait et probablement croit encore tout l'opposé, c'est-à-dire que les Pelletans communeux sont ses chevaux de renfort pour l'aider à monter la côte du provisoire vers le sommet de sa puissance.

Quoi qu'il en soit, la définition Pelletan ne vous convient pas, et nous la laissons aux amis, aux aides et aux alliés de M. Thiers.

Mais enfin comment donc le définir ? — Voici (et personne assurément ne pourra nous contredire) : *M. Thiers est un vieux révolutionnaire.* Voici, en effet, ce que, dans la séance de la Chambre des députés du 17 janvier 1837, disait déjà M. Berryer : « Le dernier chef du Cabinet (M. Thiers) est rentré sous les drapeaux de l'opposition. Il y est bien, il est dans sa vérité. (Rire général.) Oui, Messieurs, en rentrant sous les drapeaux de l'opposition, le dernier chef du Cabinet est dans sa vérité ; car il est *révolutionnaire.* Et si je me sers de ce mot, c'est parce que je suis profondément convaincu que, dans ma pensée, comme dans la pensée du grand nombre des membres de cette Assemblée, ce n'est pas un outrage. » (*Moniteur universel du* 18 *janvier* 1837, page 124.)

Ainsi déjà en 1837 cette définition était parfaitement reçue. Mais M. Thiers lui-même nous en fournit encore le témoignage le plus explicite dans le passage d'un discours qu'il prononça en 1848 : « ... Mais, entendez bien, disait-il, mon sentiment : *je suis du parti de la Révolution, tant en France qu'en Europe ;* je souhaite que le gouvernement de la Révolution reste dans les mains des hommes modérés ; je ferai tout ce que je pourrai pour qu'il continue à y être. Mais quand ce gouvernement passera dans les mains d'hommes qui seront moins modérés que moi et mes amis, *dans les mains des hommes ardents, fussent les radicaux*, je n'abandonnerai pas ma cause pour cela, *je serai toujours du parti de la Révolution !* »

Et, en effet, révolutionnaire il fut sous la Restauration, sous Louis-Philippe, sous la République de 48, sous Napoléon III, sous l'Assemblée nationale ; et révolutionnaire est encore aujourd'hui cet historien de la Révolution, ce faiseur de révolutions. Révolutionnaire il a vécu et révolutionnaire il mourra, à moins d'un miracle aussi grand que la conversion du bon larron. — Infatué. au plus haut point de lui-même, il n'eut d'autre but, toute sa vie, que d'arriver, par une série de révolutions, au pouvoir absolu, se croyant seul capable de gouverner la France.

4° *Ses complaisances pour les communeux.* — Dire tout le mal que ce mauvais génie a fait à la France et lui fait encore est impossible. Ainsi, par son imprévoyance, il laissa la Commune de Paris se préparer et s'organiser ; et même à la veille du 18 mars, dans une proclamation au peuple de Paris, il traitait encore l'insurrection « d'émeute ridicule. » Mais à peine l'insurrection eût-elle éclaté, qu'il précipita la fuite et voulut tout abandonner, même le mont Valérien, position de la plus haute importance, comme le prouvent les documents de l'enquête sur le 18 mars.

Voici ce que nous trouvons, à ce sujet, dans la déposition du général Vinoy : « .... Nous avons insisté pour qu'il (M. Thiers) n'évacuât pas les forts, et surtout le mont Valérien. *Il ne s'est pas rendu à nos instances.* »

La déposition du général Martin des Pallières n'est pas moins explicite : « Le 19 mars, dit il, vers dix heures du soir, l'amiral Jauréguiberry, le général Martin des Pallières et M. Buffet furent délégués par une réunion de 150 députés environ, présents à Versailles, *afin d'obtenir de M. Thiers la réoccupation du Mont-Valérien.* Ils trouvèrent le chef du pouvoir exécutif entouré de tous les généraux... M. Thiers répondit qu'en raison de l'état moral de l'armée et de sa force numérique, il ne lui était pas possible d'accepter ces forts (du Sud), et que *quant au Mont-Valérien, on s'exagérait généralement son importance* dans l'attaque ou la défense de Paris... A minuit et demi, MM. les délégués durent quitter le conseil de guerre. Avant de partir, M. le général des Pallières, s'adressant à M. le chef du pouvoir exécutif, lui dit : « *Vous vous repentirez toute votre vie de n'avoir pas fait réoccuper au moins le Mont-Valérien.* »

On sait le pacte que M. Thiers fit avec les radicaux pendant la Commune, les promesses qu'il leur fit alors ; la clémence dont il usa ensuite envers les pétroleurs de Paris et les groléens de Lyon, et la protection dont il les couvrit. Ainsi le communeux Ranc, pour ne citer que cet exemple, après avoir pris part à la Commune, devint, sous la présidence de M. Thiers, conseiller municipal de Paris et même député à l'Assemblée nationale; mais à peine M. Thiers était-il mis de côté que le citoyen Ranc dut gagner au plus vite la frontière pour échapper à la mort qu'il savait avoir méritée.

M. le général Du Temple, un de ces hommes courageux qui savent regarder la vérité en face et la montrer sans déguisement, se permit, dans la séance du 28 février, de relever les fautes du soi-disant petit bourgeois qui, depuis deux ans, présidait à nos destinées. Il n'y a, dit-on, que la vérité qui blesse. Peu d'hommes y ont l'épiderme plus sensible que M. Thiers. Aussi ne put-il se retenir d'interrompre M. le général Du Temple avec une vivacité au moins excessive. M. Grévy, alors président de l'Assemblée, lui vint en aide, appuyé par toute la radicaille et les Centres, en regrettant de ne pouvoir foudroyer l'irrévérencieux député, qui, disait-il, était en dehors de la question et attaquait indignement le pouvoir. Le tort de M. le général Du Temple, au contraire, c'est qu'il était trop dans la question. Quant à ce que M. Grévy, dans un zèle imprudent, qualifiait d'outrages indignes, ce sont tout simplement des faits. Les voici :

M. Du Temple. — ... M. le Président de la République, dans son Message, s'est attribué le mérite du rétablissement de l'ordre. Il me semble que nous y sommes bien pour quelque chose. C'est nous, en effet, qui avons voulu nous fixer à Versailles, quand le gouvernement, confiant dans sa popularité et son habileté, voulait nous entraîner à Paris. (Dénégations.)

« C'est la commission des Quinze qui s'est opposée à l'abandon du Mont-Valérien; car, c'est le regretté M. Mortimer-Ternaux qui a décidé M. Thiers à commencer les opérations contre la Commune, avec laquelle il voulait traiter. (Nouveau bruit.) C'est un acte de la Providence qui a permis l'entrée de nos troupes dans Paris, pendant que M. Thiers cherchait à acheter des portes... (Bruit. — Réclamations.)

« ... Le gouvernement a refusé de poursuivre le sieur Ranc, qui a été membre de la Commune, et il a chassé de France un prince pour lequel je n'ai pas de sympathies, mais qui était protégé par la loi. (Assez! assez! — Bruit.) Le condamné Rochefort jouit d'une situation exceptionnelle, protégé par des ambassadeurs, par le ministre qui bouleverse l'instruction publique (Bruit et rires), et par le chef du pouvoir exécutif qui, dix-huit mois après le pacte de Bordeaux, contractait un engagement avec les hommes qui menaçaient de porter le fer et le feu dans leur pays, si on ne leur donnait satisfaction.

M. le Président. — J'invite de nouveau l'orateur à rentrer dans la question.

M. le général Du Temple. — Je suis dans la vérité. Est-ce nous qui avons troublé le pays en apportant la Constitution Rivet, et plus tard le Message? (Bruit prolongé.)

M. le Président. — Je vous rappelle pour la troisième fois à la question. Votre discours n'est qu'un acte d'accusation contre le gouvernement.

M. le général Du Temple. — Je ne fais que rétablir des faits... (Bruit.) M. Thiers n'a pas craint de troubler le pays, quand, à propos des matières premières... (Interruptions nouvelles.) Quand, pendant notre absence... (Exclamations.) Je signale les tendances du gouvernement qui a maintenu le sieur Hénon à la mairie de Lyon (Bruit à gauche), qui a laissé subsister cette municipalité révolutionnaire; qui, en destituant le préfet Valentin, l'a nommé commandeur de la Légion-d'Honneur, par une faveur qu'un roi n'oserait accorder à un prince du sang et qu'un général n'obtient que par trente ans de glorieux services...

M. le Président. — Le règlement me laisse désarmé contre la persistance de M. Du Temple à ne pas vouloir entrer dans la question. Je regrette qu'il ne me soit pas possible d'arrêter un discours qui se fait contre la volonté de l'Assemblée. (Oui! oui! — Non!)

M. Dahirel, — Cousultez-la!

M. le Président. — Je n'ai que le droit de rappeler l'orateur à l'ordre, et, s'il continue, j'en userai. (Applaudissements.)

M. Du Temple. — M. Thiers a dit qu'il répondait de l'ordre matériel, mais non de l'ordre moral.

« De l'ordre matériel, il n'en répond guère, car M. le ministre de l'intérieur, dans la commission de décentralisation... (Assez!) a dit que les maires ne voulaient pas communiquer avec les préfets. (Bruit.) Il a reconnu que l'ordre public était compromis. Le maintien de l'état de siége et l'indulgence persistante du gouvernement pour les plus grands coupables, ont affolé le pays. (Bruit croissant.) Le clergé, les Sœurs de charité, les pèlerins, sont assaillis, bafoués, spoliés. (Assez!) La France dépérit sous ce régime d'arbitraire et de faiblesse. (Agitation.)

» Laissons ces roueries, et s'il en est parmi nous qui comptent sur les faveurs présidentielles qu'ils se rappellent que nous ne sommes pas ici pour y faire nos propres affaires.

« Maintenant, vous pouvez voter en connaissance de cause. (Hilarité.)

« Je n'ai pas voté la proposition Rivet ; je ne voterai pas une proposition acceptée par un gouvernement qui cherche à nous déconsidérer et à nous renverser. Je veux abattre l'arbre qui produit de tels fruits, le tronc révolutionnaire. (Exclamations.) Oui ! la révolution s'est incarnée dans un homme, dont je rappellerai les actes en deux mots : il a détrôné son roi légitime, renversé son bienfaiteur et, en 1831, il a présidé au sac de l'archevêché. (Exclamations et cris : A l'ordre ! à l'ordre !)

M. le Président. — ... Je rappelle M. Du Temple à l'ordre ! (Applaudissements.)

(MM. de Lorgeril et Dahirel quittent leur banc pour aller féliciter M. Du Temple. — Bruit. — Presque toute l'Assemblée se lève.)

Comment M. Thiers a fait tout cela !... Est-ce possible ? — Ce n'est que trop vrai. Le courageux député n'a fait que rétablir des faits. Et toutes ces tendresses, toutes ces complicités de M. Thiers pour la Révolution et pour les révolutionnaires, ne doivent pas nous étonner de la part d'un homme qui a osé déclarer qu'il serait « toujours du parti de la Révolution ».

5° *Sac de l'Archevêché.* — Déjà en 1831, quand il présidait au *sac de l'Archevêché* et au renversement de la croix de la Cathédrale, M. Thiers n'agissait pas autrement. Cependant pour mieux nous en convaincre, précisons ce fait par l'Extrait du compte-rendu officiel de la séance de la Chambre des députés du 13 août 1831 :

M. François Arago. — Un passant fit savoir qu'on dévastait l'Archevêché. Les 45 grenadiers partirent sur-le-champ, ayant à leur tête le capitaine Barbet... Je les suivis moi-même, à la tête de 110 hommes de diverses compagnies... La démolition de l'Archevêché était en pleine activité. Nous dispersâmes la foule qui se pressait autour du jardin; nous fermâmes les issues des rues environnantes; nous nous mîmes en communication avec les huit ou dix gardes municipaux qui empêchaient qu'on ne s'introduisît dans les tours de Notre-Dame pour y aller sonner le tocsin... Nous prîmes notre parti, malgré notre petit nombre, de pénétrer dans l'Archevêché par une cour où tombaient sans relâche des pans de mur, des volets, des meubles, des cheminées, d'immenses portions du toit.

» Les gardes nationaux étaient déjà en colonne et allaient entrer, lorsqu'une personne qui m'était tout à fait inconnue vint leur parler avec beaucoup de vivacité. Suivant elle, la garde nationale ne devait pas se commettre avec le peuple dans les circonstances de la nature de celles dont Paris était alors le théâtre. L'orateur se disait membre de la Chambre des députés.

Voix nombreuses. — Nommez-le! nommez-le!

M. Arago. — *C'était M. Thiers.* Un garde national qui le connaissait le nomma; nous sûmes ainsi qu'il n'avait décliné qu'un de ses titres, qu'il occupait dans le gouvernement un poste très-élevé. Ses paroles firent alors impression, on crut y voir la pensée de l'autorité supérieure, et notre mouvement se trouva ajourné.

« Parmi les misérables actes de destruction dont j'étais témoin, celui qui me blessa le plus, je le dis sans détour, ce fut le renversement de la croix en fer doré qui s'élevait sur le comble de la Cathédrale... Je déclare donc que la croix de la Cathédrale de Paris a été abattue *par ordre de l'autorité*... »

6° *Sa déloyauté envers l'Assemblée nationale.* — Que dire de l'indigne conduite de M. Thiers à l'égard de l'Assemblée nationale dont il affectait de se jouer; abusant dans les moments les plus critiques et les plus importants des angoisses patriotiques de la Droite; menaçant de donner sa démission quand il savait qu'on ne pourrait l'accepter, quand il se croyait absolument nécessaire; et, ce qui est plus fort encore, violant, avec un sans-gêne inouï, ses engagements les plus solennels! En veut-on la preuve?

Qu'on lise la déclaration qui constituait et consacrait ce qu'on a appelé le « pacte de Bordeaux, » c'est-à-dire les engagements pris, à la Chambre, par M. Thiers devant le pays et devant l'histoire de ne favoriser aucune prétention, de ne faire triompher aucune solution politique :

M. Thiers. — Quel est *mon devoir à moi,* que vous avez, je le dirai, accablé de votre confiance? C'est la *loyauté envers tous les partis* qui divisent la France et qui divisent l'Assemblée. Ce que nous devons à tous, *c'est de n'en tromper aucun,* c'est de ne pas nous conduire de manière *à préparer, à votre insu une solution exclusive qui désolerait les autres partis.*

« Non, JE LE JURE *devant le pays,* et si j'osais me croire assez important pour parler de l'histoire, je dirais que *je jure devant l'histoire de ne tromper aucun de vous et de ne préparer, sous le rapport des questions constitutives, aucune solution à votre insu, et qui serait, de notre part, une sorte de trahison...*

« Je dirai donc : *Monarchistes, républicains!* non, *ni les uns ni les autres vous ne serez trompés;* nous n'avons accepté qu'une mission déjà assez bien écrasante : *nous ne nous occuperons que de la réorganisation du pays...* Je ne trahirai pas plus les uns que les autres, JE LE JURE DEVANT DIEU! La réorganisation du pays nous occupera, et nous occupera uniquement. Nous ne travaillerons qu'à cette œuvre, déjà bien assez difficile. »

Voilà ce que disait M. Thiers en 1871 à Bordeaux. Voici, maintenant, ce qu'il dit en 1872, à Versailles : « La République existe, elle est le gouvernement légal du pays. Vouloir autre chose, serait une révolution nouvelle et la plus redoutable de toutes. »

M. Thiers fait donc litière des engagements qu'il a pris. Il favorise un parti aux dépens des autres ; il le favorise à ce point de le déclarer maître de la situation en excluant les autres, en leur déclarant qu'ils feront acte de révolution s'ils ne se soumettent pas. Est-ce de la probité politique ? N'est-ce pas violer ses serments et se parjurer ?

Aussi voyez les factions révolutionnaires éclater en cris de joie après ces déclarations républicaines faites par M. Thiers contre ses engagements les plus solennels. Les pires factions, celles qui n'aspirent qu'à la satisfaction de leurs convoitises, se montrent les plus joyeuses et les plus transportées. Leurs journaux acceptent avec une désinvolture charmante le sobriquet de « conservatrice » donné à la République de M. Thiers. Cet adjectif insensé les réjouit fort. Ils en font des gorges chaudes qui ne laissent pas que d'avoir des côtés sinistres. Le *Rappel* dit, en ricanant, qu'il ne s'effarouche pas de cette épithète. « Pourvu qu'on s'entende sur ce qu'il s'agit de conserver. » On voit que le *Rappel* sait entendre la plaisanterie.

Mais, manquer à sa parole, se parjurer même, n'est rien de nouveau pour M. Thiers : c'est une vieille habitude chez lui.

Ainsi l'histoire a gardé le souvenir de ses engagements de 1836 et du peu de respect qu'il avait déjà alors pour la parole donnée à ses collègues. Le ministère de Broglie tombait. Les ministres en se retirant, s'étaient réciproquement engagés à ne point faire partie du nouveau Cabinet et à laisser le soin des affaires publiques au côté de la Chambre qui leur signifiait leur congé. L'œuvre de former un nouveau ministère était difficile : Louis-Philippe ne trouvait pas d'hommes dans le parti qui venait de renverser l'ancien, et plusieurs jours s'écoulèrent sans qu'on arrivât à une solution.

Sur ces entrefaites M. Thiers causait avec un visiteur des nouvelles du jour et des noms que l'on mettait en avant pour le futur ministère. « On dit, s'exprima franchement le visiteur, on dit que vous devez en faire partie, et même que vous devez être président du Conseil; mais je n'y crois pas, car je connais vos engagements. » — « Et vous avez raison, lui dit M. Thiers; je ne puis pas accepter, puisque j'ai promis le contraire; je manquerais à ma parole, je ferais un acte malhonnête... »

Le bruit s'était répandu, en effet, de la rentrée de M. Thiers dans le Cabinet; ses anciens collègues s'en inquiétaient sans croire beaucoup à ses scrupules; le visiteur seul, qui avait reçu ses assurances formelles, jurait ses grands dieux qu'on ne pouvait douter de sa parole. Il engageait même un pari à ce sujet avec M. le duc de Broglie, qui connaissait mieux M. Thiers et qui était moins confiant. — Et qu'arriva-t-il? Trois jours après, le pari était perdu : M. Thiers était ministre!

7° *Que penser de son dévouement.* — Sans doute, c'est par « *dévouement* » que M. Thiers se parjure et manque à ses engagements; c'est par dévouement qu'il cherche à escalader le pouvoir et à s'y cramponner; par pur dévouement, vous dis-je, ainsi que vous allez le voir par cette curieuse histoire racontée par un de ses amis d'autrefois.

Un jour que M. Thiers accompagnait Louis-Philippe dans une course aux environs de Paris, il discutait avec son souverain certaines difficultés qui s'élevaient souvent entre eux, l'un voulant tout conduire, l'autre n'aimant pas à céder. Il avait déjà l'habitude, que l'Assemblée aurait dû connaître plus tôt, d'offrir à tout moment *son tablier*, se croyant toujours la femme de ménage indispensable. Le roi, maître de maison, ne cédait pas. « Sire, je me verrai obligé de vous rendre mon portefeuille. — Bah ! vous y tenez trop, vous le garderez. —

— Sire, je vous assure que je ne le conserve que par *dévouement.* » — Louis-Philippe, à ce mot, part d'un éclat de rire : il connaissait le refrain de toutes les discussions. M. Thiers, se sentant deviné, riait aussi, mais avec un certain dépit qui lui inspirait le désir de se venger un peu. — « Sire, répliqua-t-il, lorsque vous avez dit en 1830 que vous preniez la couronne par pur dévouement... je n'ai pas ri !! » — Eh ! sans doute, il n'avait pas ri ! Il savait comment on en impose au public qui se prend toujours aux grands mots. Il ne rit pas quand aujourd'hui il répète la même comédie... Ces deux traits de sa vie révèlent M. Thiers tout entier.

8° *Ses prétendus services.* — Cependant, pourrait-on dire, M. Thiers a préparé la libération du territoire, et su faire l'emprunt qui a été dix fois souscrit. — Il y aurait beaucoup à répondre à ces deux objections.

Nous avons vu que, par son imprévoyance et sa faiblesse, M. Thiers est en partie responsable des succès de la révolte de la Commune de Paris, et par suite aussi, des conditions plus dures que nous imposèrent les Prussiens au traité de paix de Francfort.

Quant aux autres conventions qui eurent lieu depuis ce lamentable traité de paix entre M. Thiers et M. de Bismark, la Prusse a su toujours se faire une part plus que léonine, une part vraiment *prussienne*. Un député a dit en pleine Assemblée nationale d'une de ces conventions : « Tous les bénéfices sont pour la Prusse, et les charges pour nous. Il est impossible que l'Assemblée ratifie une convention aussi préjudiciable aux intérêts du Trésor français, et, pour dire le mot, aussi honteuse ! » Voilà ce qu'on peut dire de toutes ces conventions.

Quant à l'emprunt, il est facile de voir que M. Thiers a causé au Trésor français une perte de plusieurs centaines de millions. Pourquoi, en effet, l'emprunt a-t-il été souscrit dix fois? C'est parce que pour 5 francs de rente M. Thiers ne demandait qu'un capital de 84 fr. 50 c., tandis qu'il aurait pu très-facilement obtenir 90 fr. ; aujourd'hui il est au-dessus de 95 fr.

Mais ce n'est pas tout. Les étrangers, par spéculation et grâce aux faveurs que M. Thiers leur accorda, prirent, sans bourse délier, la plupart des souscriptions. Ils les cédèrent ensuite, en faisant de beaux bénéfices, à des Français qui n'avaient pas pu en obtenir. Ainsi, grâce aux habiletés et aux manœuvres de M. Thiers, *cet emprunt* valut au Trésor français une perte de 250 millions, et aux souscripteurs étrangers, anglais, prussiens... des millions de bénéfices que nous autres Français dûmes leur payer.

Mentionnons encore les pertes immenses, évaluées à plusieurs milliards, que M. Thiers a fait subir au Trésor, au commerce et à l'industrie, par suite des élections radicales des Ranc, Barodet, etc., auxquels il contribua par sa faiblesse ou ses connivences. C'est ainsi que M. Thiers a été très-généreux de notre argent et de celui du Trésor.

L'est-il autant de son propre argent? — Le parallèle suivant, que nous trouvons dans l'almanach des Honnêtes Gens de 1874, va nous le dire, et nous montrer la différence qu'il y a entre la Royauté et la République, et entre leurs agents.

En 1815, la France eut à subir *deux* invasions et une occupation étrangère. Après *vingt-quatre* ans de guerre, elle eut à payer *sept cent millions*, sept fois et quelque de moins qu'en 1871.	En 1871, la France est en proie à *une* invasion et une occupation étrangère. Après *moins d'un an* de guerre, elle a à payer *cinq milliards*, sept fois et quelque de plus qu'en 1815.
Les alliés voulaient la démembrer; déjà le partage était fait, heureusement *le roi de France* était là! Grâce à son énergie, la France ne fut point démembrée, elle rentra dans ses limites de 1790.	Les Prussiens profitent de ce que le roi de France est en exil, et de ce que la *république* a escamoté le pouvoir. L'*Alsace* et la *Lorraine* nous sont enlevées ; c'étaient deux conquêtes de la monarchie.
Le ministre du roi, un *noble*, un *émigré*, le duc de Richelieu, qui, en 1815, avait obtenu une *réduction* de plusieurs centaines de millions sur la contribution de guerre, obtint encore (1818) une *anticipation de quatre ans* pour l'évacuation du pays. Les alliés quittèrent aussitôt	Le président de la république, « un petit bourgeois, » M. Thiers, qui n'avait, en 1871, obtenu *aucune réduction* sur la contribution de guerre, malgré toute son habileté politique, n'obtient de plus (1873) aucune anticipation pour l'évacuation du pays, *il paye*

la France, bien *avant* d'avoir été complètement payés.	*plus tôt,* les Prussiens ne s'en vont qu'*après* avoir été complètement payés.
En 1818, les Chambres votèrent comme *récompense nationale* une rente viagère de cinquante mille francs au duc de Richelieu, qui avait tout perdu pendant la révolution. Le duc, quoique *pauvre, refusa et n'accepta enfin que pour en faire don aux hôpitaux.*	En 1871, l'Assemblée avait voté comme *indemnité* une somme de un million cinquante-trois mille francs à M. Thiers pour une de ses maisons démolie par la Commune. M. Thiers, quoique *fort riche, accepte aussitôt et ne donne pas un centime aux malheureux.*

Bien plus, M. Thiers a trouvé moyen de gagner UN MILLION!!! Mais ce n'est pas tout; très-peu de jours après le vote de l'Assemblée, il a réclamé au ministère des finances le paiement immédiat du million... Le ministre ayant fait observer à l'ex-président que le Trésor n'avait juste que cette somme en caisse, M. Thiers ne l'a pas moins exigée, et le million lui a été payé en or. On voit que le *petit bourgeois* est un habile calculateur, il a fait payer ses services à la France ruinée. Un illustre écrivain a donc eu bien raison de dire du règne de M. Thiers et de celui de tous ces égoïstes et avides parvenus républicains : « Ces règnes soudains, sans ancêtres et sans postérité, sont proprement des invasions. Ils ne sauraient avoir les nobles soucis de la vraie souveraineté, qui est une paternité. Ils ne plantent pas, parce qu'ils n'ont point d'arrière-neveux. Ils ne recueillent pas, ils dispersent et dissipent. Campés sur une terre où ils ne peuvent rester et dont les anciennes merveilles humilient leur arrogance impuissante, ils achèvent la ruine des monuments anciens : ils en arrachent les pierres pour construire leur abri d'un moment. Ils laissent les mauvaises herbes envahir les champs où ils n'ont pas le temps de mettre la charrue ; ils brûlent les arbres à fruits pour se chauffer une heure. »

9° — Mais ce qui est plus surprenant et plus inconcevable que tout le reste, c'est que M. Thiers n'a pas eu honte de se faire *l'avocat et l'apologiste de la Prusse* même, en voulant, dans l'enquête parlementaire sur le 4 septembre, faire retomber les causes de la guerre sur la France, sur le gouvernement impérial. On sent que cet homme habitué toute sa vie à soutenir le oui et le non, ment, comme il est aisé de le voir aux grossières contradictions qui fourmillent dans sa déposition.

Il ne pouvait d'ailleurs ignorer que, déjà deux ans auparavant, la Prusse avait fait demander par les francs-maçons espagnols ce même Hohenzollern pour le trône d'Espagne, et que le gouvernement français avait déjà alors signifié à la Prusse que ce serait un cas de guerre. La Prusse donc, en revenant à la charge en 1870, voulait sciemment et cherchait la guerre, pour laquelle elle était alors parfaitement préparée.

C'est ainsi que M. de Bismark avait déjà forcé l'Autriche à la guerre en 1866, comme son allié d'alors, M. de La Marmora, l'a prouvé dans ses révélations. « Un peu plus de lumières. » Seulement, M. de Bismark, en vrai Machiavel, sait toujours adroitement s'y prendre, en disant et en faisant dire par *ses reptiles* que ce sont les autres qui le forcent à la guerre, qui veulent absolument lui faire la guerre. En 1866, c'était l'Autriche; en 1870, la France ; et depuis, c'est l'Eglise catholique, les évêques, le Pape, etc., etc.

Eh bien ! malgré tout, M. Thiers avec le grand Prussien et les « reptiles » a eu l'impudent cynisme de dire au monde entier : Non, ce n'est pas M. de Bismark, ce n'est pas le gouvernement prussien qui a voulu cette guerre : c'est le gouvernement français ; M. de Bismark est un innocent.

Quelle honte et quelle bassesse ! — M. B. d'Agreval a dit à ce sujet : «... Que la Prusse avait préparé son agression de longue main, choisi son heure, rendu les hostilités inévitables... qu'il ne serait pas même sérieux de discuter la préméditation de la Prusse, que personne ne conteste plus... les preuves en sont abondantes, irréfutables... Quiconque s'était occupé de l'Allemagne avec un peu de suite savait que M. de Bismark avait depuis longtemps désiré et résolu la guerre ; on n'ignorait pas davantage que les préparations des Prussiens indiquaient de leur part la conviction que le moment était venu où la guerre éclaterait. M. de Gramont prouve en outre que cette date avait été fixée par une décision bien arrêtée de M. de Bismark... Les négations de M. Thiers, outre qu'elles sont exprimées avec la plus parfaite inconvenance, sont absurdes à ce point qu'il paraît impossible de croire à la bonne foi de notre président provisoire. »

Après tout cela, il serait superflu de dire que M. de Bismark est très-content de M. Thiers et ne souhaite à la France d'autre gouvernement que la République Thiers.

On lisait dans la *Décentralisation* en novembre 1873 : « Nous avons montré la joie des Prussiens, lorsque la lettre royale a semblé faire évanouir les espérances du très-prochain rétablissement de la monarchie française. En revanche, les Prussiens ont une tendresse non déguisée pour M. Thiers.

» Voici un fait que l'on nous certifie : Quand M. Thiers est allé recevoir à Lausanne les ovations spontanées de la radicaille, il a eu un entretien de trois heures avec M. d'Arnim, entretien mystérieux, car le diplomate prussien est arrivé dans le plus grand secret, mais a cependant été reconnu et est reparti précipitamment. »

Hé bien ! républicains, que dites-vous de M. Thiers, l'avocat de la Prusse, le renverseur des gouvernements de sa patrie, et aujourd'hui l'associé de M. Gambetta, son fou furieux d'autrefois ?

Après ces deux fameux chefs, serait-il nécessaire de parler encore des autres gloires républicaines, des citoyens Jules Favre, dit Laluyé, Jules Simon le juif, ou 606 de l'Internationale, E. Arago, qu'à un jour de danger on trouva blotti et tremblant derrière un tas de fagots, etc., etc.?

S'il en est ainsi de la tête, que doit-ce donc être de la queue républicaine !!!

Un écrivain que les républicains ne récuseront certainement pas, Voltaire lui-même a dit : « *La République est le gouvernement de la canaille.* » Si jamais ce courtisan du roi de Prusse a dit une vérité, c'est bien celle-là.

Des partisans de la république, retranchez, en effet, les ivrognes, les paresseux, les débauchés, les pêcheurs en eau trouble, les médecins sans clients, les avocats sans cause, les faillis, les banqueroutiers, les repris de justice, les partageux, les pétroleurs, les déclassés de toutes les carrières, les mécontents de tout et d'eux-mêmes, les jeunes et vieux garçons-faquins, les lecteurs de journaux francs-maçons, protestants et prussiens, les voleurs, les adultères, les égoïstes, les ambitieux et les fous : et vous verrez qu'il n'en restera plus grand chose.

CHAPITRE III.

LIBERTÉ, ÉGALITÉ, FRATERNITÉ.

Qui n'a vu, dans sa vie, un charlatan étaler pompeusement sa futile marchandise et crier avec emphase à tous les vents : « Messieurs et Mesdames, voici pour guérir tous les maux passés, présents et futurs, les remèdes les plus merveilleux et les plus extraordinaires composés des plantes les plus rares et les plus précieuses de l'Indoustan et de l'*Alabama*, avec lesquels j'ai radicalement guéri d'un mal incurable l'illustre roi des Perses, au retour d'un voyage aérien, sans parler des autres rois, empereurs, princes et princesses de tout âge, de tout genre et de tout sexe. Vous comprenez donc que depuis longtemps ma fortune est faite ; je ne voyage plus que pour faire du bien au pauvre monde, à l'humanité souffrante. Ces remèdes si magnifiques et si merveilleux pour guérir toutes les maladies possibles et impossibles, je ne les vends plus, je les donne pour rien ; cinquante centimes seulement, Messieurs et Mesdames, c'est pour rien,

5*

absolument pour rien... » — Et les pauvres dupes accourent tout ébahies, tout émerveillées.

Le juif aussi, mais sous des allures plus humbles, plus flatteuses et plus insinuantes, parvient au même but, et, comme le renard de la fable par l'odeur alléché, attrape des milliers de bons fromages aux dépens de centaines de dupes et de redupes qui l'écoutent.

Dans le paradis terrestre le serpent avait déjà connaissance de ces moyens et s'en était très-adroitement et très-efficacement servi pour arriver à ses fins : Pourquoi ne mangez-vous pas de ce fruit? Vous n'en mourrez point, croyez-moi ; *mais vous deviendrez libres, vous serez comme des dieux.*

Comme vous le voyez, nos républicains ont bien retenu la leçon et depuis quatre-vingts ans déjà, ils se servent continuellement des mêmes ficelles. Et, qui le croirait ! combien de fois déjà ne nous sommes-nous pas laissé duper ainsi par les juifs et les charlatans républicains nous promettant Liberté, Egalité et Fraternité, et ne nous donnant toujours que l'esclavage, la misère et la mort? On est si bonace, et le juif, si habile, si rusé et si flatteur, et le charlatan a des mots si sonores, et le serpent, tant d'expérience : « Mentez, mentez sans cesse, il en restera toujours quelque chose. »

Quand, en effet, dites-le moi, quand eûmes-nous moins de Liberté, d'Egalité et de Fraternité ? quand les plus affreux et les plus sanguinaires tyrans nous firent-ils trembler sous toutes les terreurs de l'exil, de la confiscation, de la mort ? N'était-ce pas sous nos trois républiques, sous le règne des juifs et des charlatans politiques ? n'était-ce pas quand ils criaient le plus haut et le plus fort : Vive la Liberté, l'Egalité et la Fraternité ?

Mais entrons dans quelques détails pour mieux voir quelle liberté, quelle égalité et quelle fraternité les républicains nous ont procurées, et nous pourrons facilement prévoir quel effroyable avenir nous attend, nous, nos enfants et notre patrie si jamais les républicains devenaient encore nos maitres.

I.

LIBERTÉ.

Qu'est-ce que la liberté, la vraie liberté ? — C'est pour chacun la faculté de pouvoir, avec le moins d'entraves possibles, connaître la vérité et faire le bien qu'on doit faire : J'ai le droit et le devoir de connaître la vérité et de remplir mes obligations, c'est-à-dire, ce que je dois faire, c'est-à-dire, le bien. Voilà la vraie liberté, cette noble faculté que Dieu a daigné nous accorder en nous créant, et qui élève la créature raisonnable au-dessus des autres créatures. Tandis que être entravé dans la connaissance de la vérité, dans le pouvoir de faire le bien, c'est le contraire de la liberté, c'est l'esclavage ; et plus ces entraves sont grandes, plus on est esclave et par conséquent moins on est libre.

Mais voyez comme on a abusé et comme on abuse encore tous les jours de ce mot Liberté ! Ce sont précisément ceux qui en parlent le plus, qui n'en veulent pas... pour les autres, mais qui la veulent pour eux seuls, et, complète, entière, sans limites : toute licence pour eux, et pour les autres, asservissement et esclavage. La liberté consiste *pour eux* à faire tout ce qu'ils veulent, à piller et à égorger ; et *pour les autres*, à se taire et à obéir d'abord, et puis à se laisser tondre et immoler.

Voilà comme les braillards du siècle dernier entendaient et pratiquaient la liberté : Au nom de la *liberté*, on emprisonnait les honnêtes gens, on proscrivait tout acte de religion ; au nom de la *liberté*, il était défendu d'aller dans une église, de prier Dieu, de chanter ses louanges, d'assister aux offices, de fréquenter les sacrements ; au nom de la *liberté*, les religieux ne pouvaient instruire la jeunesse, vivre en communauté, suivre leur règle, porter leur costume, on les chassait de leurs couvents, on s'emparait de leurs propriétés. Au nom de la *liberté*, les parents n'avaient pas le droit de confier à qui bon leur semblait l'éducation de leurs enfants. Que pensez-vous de cette admirable liberté ? N'était-ce pas quelque chose de ridicule, d'odieux, de sauvage ?

N'est-ce pas aussi au nom de la liberté que dans nos célèbres clubs il était permis d'attaquer, de calomnier, d'insulter tout ce qu'il y a de plus sacré, de plus auguste : les prêtres, les religieux, le Souverain-Pontife, la religion, Dieu lui-même, tandis qu'on interdisait la parole à ceux qui voulaient défendre ces choses si dignes de notre vénération ? N'est-ce pas encore au nom de la *liberté* que l'on veut rendre l'instruction *laïque* et *obligatoire*, que l'on veut empêcher de parler de Dieu et de la Religion dans les écoles ? N'est-ce pas toujours au nom de la *liberté* que M. Gambetta, le dictateur républicain, a trouvé moyen de révoquer une soixantaine de maires, de détruire les conseils généraux, de dissoudre plus de cent conseils municipaux, de supprimer tous les conseils électifs, de saisir les journaux, de repousser l'Assemblée, de supprimer le droit de pétition, de violer le suffrage universel ? Voilà, n'est-ce pas, une singulière manière d'entendre la *liberté !*

Et n'avons-nous pas vu tout récemment, à l'occasion de certains pélerinages, des libéraux, des républicains insulter de la manière la plus odieuse des catholiques, des Français, des prêtres, des religieuses, qui avaient eu l'audace d'aller prier pour la France dans de pieux sanctuaires ? Quand on voit de pareilles injustices, ne se croirait-on pas dans un pays sauvage ?

Mais ce qui est plus fort encore, n'avons-nous pas entendu des journaux républicains pousser ouvertement à ces insultes et à ces outrages, et nous lancer les plus grossières menaces qui sont un avertissement sérieux non-seulement pour les catholiques, mais aussi pour tous les conservateurs. Voici ce que disait, en octobre 1872, le *Corsaire*, au sujet des outrages de de la canaille nantoise contre les pélerins : *Voilà ! voilà !* disent-ils, *comment les républicains entendent la liberté !... Voilà la liberté qu'ils nous réservent !...*

« Ah ! quant à cela, mes bons amis, vous pouvez y compter... Non certes, non, la république ne tolérera pas ves pélerinages. Pélerinez bien, pendant que vous y êtes ; prenez-en tout votre saoûl, gavez-vous de pélerinages ; car, une fois en république vous ne pélerinerez plus. — Est-ce clair ? »

Oui, c'est parfaitement clair ; vous rétablirez l'échafaud, vous nous assassinerez, n'est-ce pas ? Dites-le donc franchement ; et que nous sachions jusqu'au bout notre sort.

« Que la république y prenne garde, répondit le *Pays* avec indignation, nous pouvons supporter à la rigueur, qu'elle bâillonne notre voix par l'état de siége, et qu'elle supprime la liberté de la plume et la liberté de la parole; mais il est une liberté que nous ne laisserons jamais entamer, c'est la liberté de la prière. Ne dirait-on pas qu'il va falloir bientôt nous cacher pour aller à la messe, et enfouir dans les bruyères et les landes nos cérémonies religieuses désormais menacées? Et dans ce pays de France, où les croyants s'assemblaient pour aller combattre les infidèles jusqu'aux extrémités de l'Orient, dans le pays des Croisés, on serait sous la domination des mécréants de Nantes ou de Nîmes, des Sarrasins de Belleville (des Groléens de Lyon...)! »

Et tout cela au nom de la *Liberté*! Voilà comment on abuse sans honte et sans pudeur de cette belle chose! « — La *Liberté*, a dit un orateur chrétien, suit le Christ où il va, elle disparaît d'où il se retire. »

II.

ÉGALITÉ.

Autre duperie républicaine; car par là on doit entendre l'égalité devant la loi. Or y eut-il jamais inégalités et injustices plus criantes que sous la république? Pour le prouver il nous suffira de citer, entre mille, quelques traits de nos républicains d'aujourd'hui seulement.

Ainsi le communard Ranc, ce signataire du décret des otages, fut acquitté par M. Thiers et défendu par M. Dufaure, ministre de la justice, dans une séance mémorable devant l'Assemblée nationale. Ensuite il devint même député et aida à faire des lois jusqu'à la chute de son protecteur; mais alors il se hâta de passer la frontière pour échapper à la mort qu'il savait avoir méritée. Voilà comment sous la république la justice est égale pour tous; voilà comment les grands coupables, les vrais coupables sont épargnés et même reçoivent de l'avancement et des places, tandis que les autres sont sacrifiés.

Nous trouvons dans l'*Union du Sud-Ouest* la curieuse lettre suivante au sujet de l'égalité républicaine d'un autre fameux citoyen, M. E. Arago, ministre de la justice sous la république du 4 septembre :

Monsieur le rédacteur,

La famille du grand démocrate Arago vient de nous donner un bien singulier spectacle. Mme *Thémis* Faget sa belle-mère, qui régit ses propriétés avec non moins de talent que son gendre en met *à donner des lois à la France*, vient d'être dénoncée à l'administration des contributions indirectes pour avoir fait distiller du vin sans remplir les formalités édictées par la loi au sujet des bouilleurs de crû. Les employés se sont transportés chez elle, qui, sans se troubler le moins du monde, leur a dit qu'on les avait trompés et que le vrai coupable, celui dont on avait voulu parler, était un voisin dont elle leur indiqua la demeure.

Les employés s'excusent et apprennent chez le voisin qu'il est coupable, sans doute, mais que Mme *Thémis* Faget a distillé bien plus que lui sans déclaration, puisqu'elle a opéré sur 60 hectolitres environ. Nouvelle visite chez Mme *Thémis* Faget, et cette fois domiciliaire, à la suite de laquelle on constate la contravention. Procès-verbal et amende de douze mille francs ; *mais on avait compté sans M. Arago et sans sa vieille amitié avec M. Thiers*. Il se met en campagne, et avec le crédit que doit avoir un député, il est sur le point d'aboutir à un résultat favorable, *la suppression de l'amende*, lorsqu'un employé subalterne demande qui payera le tiers de l'amende, qui revient au dénonciateur, d'après les termes de la loi. Un grand embarras s'ensuit, et nous ne savons comment cela finira.

Mais quoi qu'il arrive, permettez-moi, Monsieur le rédacteur, de trouver bien étonnant et peu digne *un député qui a voté une loi et qui fait tous ses efforts pour mettre à l'abri les membres de sa famille.*

Ce spectacle ne peut se voir que chez les radicaux. — Agréez, etc.

Voici d'autres exemples de l'horreur des républicains pour le népotisme : M. Duportal, préfet de la république du 4 septembre, à Toulouse, suspendait le président du tribunal, renvoyait les généraux Roussel d'Hurbal et de Veulens, et le colonel directeur de l'arsenal, et les remplaçait par son gendre et par son fils ; comme on le voit, pour être républicain farouche, on n'en songe pas moins à sa famille.

M. J. Suisse, dit *Jules Simon*, était, comme on sait, ministre de l'instruction et des cultes sous la république du 4 septembre, pendant cette guerre, où quiconque aimait sa patrie se faisait un devoir de la défendre, sans y être obligé par la loi ; eh bien ! c'est alors que le susdit ministre sut faire exempter son fils du service militaire et mettre ainsi sa progéniture à l'abri des dangers de la guerre. Qu'on en juge par les pièces suivantes :

Place de Paris. **Paris, 5 novembre 1870.**

N° 1036.

Colonel,

Le ministre de la guerre, par décision du 3 courant, a accordé au sieur Suisse, Charles-Eugène, dit *Jules Simon*, jeune soldat de la classe 1870, du département de la Seine, un sursis de départ de trois mois. Ce jeune homme demeure place de la Madeleine, n° 10.

Le général commandant la place de Paris,
Signé : CHARDON DE CHAUMONT.

PLACE DE PARIS. Paris, 22 juillet 1871.

N° 1634.

COLONEL,

J'ai l'honneur de vous informer que, par décision ministérielle du 19 juillet, le sursis de départ dont jouit le sieur *Suisse* (Charles-Eugène), dit *Jules Simon*, de la classe de 1870, du département de la Seine, sera prolongé de trois mois. Je vous prie d'assurer, en ce qui vous concerne, l'exécution de cette décision.

Le général commandant la place de Paris,
Signé : DE GESLIN.

PLACE DE PARIS. Paris, le 26 septembre 1871.

N° 231.

Le général commandant la place de Paris a l'honneur d'informer M. le lieutenant-colonel commandant le recrutement de la Seine, qu'à la date du 20 septembre, le ministre de la guerre a décidé que le sieur

Suisse (Charles-Eugène), dit *Jules Simon*, jeune soldat de la classe de 1870, du département de la Seine, serait incorporé, par voie de changement de destination, au 96e régiment d'infanterie. Ce jeune homme a successivement obtenu deux sursis de départ de trois mois. (Décision ministérielle des 3 novembre 1870 et 19 juillet 1871.)

Le général commandant la place de Paris,

Signé : De Geslin.

Autre fait du même citoyen J. Suisse, dit *J. Simon*. En avril 1872, les journaux expliquaient par une ancienne complicité avec MM. J. Simon et J. Ferry l'indulgence dont Courbet, le déboulonneur de la colonne Vendôme, a été l'objet. Voici encore une lettre qu'un abonné du *Paris-Journal* a adressée en mai 1873 à ce journal et où il confirme et complète ces renseignements, se faisant fort de produire, si on le veut, des témoins irrécusables :

« Quand M. Jules Simon fut relancé si énergiquement par la sœur de Courbet, sommé par elle d'aller déposer au conseil de guerre en faveur de son frère, il répondit d'un air attendri et câlin qu'il ne demandait pas mieux, mais qu'il ne pouvait intervenir que sur une citation du commissaire du gouvernement, le commandant Gavau. Cette femme courut le lendemain chez ce dernier, qui la dissuada de son instance, la prévenant que le ministre n'aurait rien de favorable à dire sur l'accusé, et pour la convaincre lui communiqua une lettre *très-politique* qu'il venait de recevoir du Janus ministériel. Furieuse, la sœur de Courbet se rua à la Présidence, où se trouvait M. Jules Simon, et, le rencontrant dans l'escalier, lui fit une scène des plus violentes.

« Celui-ci, d'un ton fort doux, lui répliqua que précisément il venait de demander à M. Thiers l'autorisation de témoigner en faveur du simple déboulonneur, et comme la menaçante solliciteuse lui disait qu'il devait savoir où se trouvait la statuette en argent, enlevée de la main de la statue de l'empereur, et qu'on accusait Courbet d'avoir dérobé, il (M. J. Simon) répondit avec un ricanement tout à fait aimable : « Oui, c'est moi qui l'ai ; je l'avais volée, oui, je l'avais volée. »

« Le surlendemain, à la stupeur de tous les honnêtes gens, M. Jules Simon, ministre, vint déposer en faveur de M. Courbet... pour calmer et contenir l'intempérance du loquace Courbet... »

Cependant, ledit Jules Simon, dit encore 606, est un excellent citoyen, un parfait républicain. Nous nous contenterons de ces deux faits, car si nous voulions citer tous les autres curieux traits de *l'éga-*

lité républicaine du fameux citoyen Jules Simon, nous ne pourrions plus nous occuper que de lui jusqu'à la fin. Mais, *sufficit.*

Et remarquez-le bien, les faits que nous avons cités (et nous pourrions en ajouter des centaines et des milliers les uns plus curieux que les autres), ne sont pas d'obscurs républicains, mais de nos plus fameux citoyens et de nos plus grandes illustrations républicaines, comme MM. Thiers, Dufaure, Gambetta, Duportal, E. Arago, J. Simon... Allez donc, pauvres dupes, crier : Vive l'Egalité !

L'on a tant crié contre les priviléges et les distinctions d'autrefois, comme si aujourd'hui il n'y en avait plus du tout. Et pourtant quel Français, quel républicain n'est flatté de recevoir la décoration de la Légion-d'Honneur (instituée depuis la Révolution) ; c'est là une distinction, si je ne me trompe? Et ceux qui ne peuvent l'obtenir, nous les voyons se rabattre sur les ordres étrangers. Celui d'Orélie Ier, roi d'Araucanie, n'est même pas dédaigné. Etait-il dès lors si nécessaire d'abolir la croix de Saint-Louis ?

Ne chercherions-nous pas plutôt les distinctions que l'égalité ? On le croirait à voir une foule de priviléges accordés en France au rang ou à la fortune. Tandis que, dans le Nouveau-Monde, les salles d'attente, les wagons, les voitures n'ont qu'une seule espèce de place, en France, on trouve partout des *premières*, confortables, dans lesquelles s'installent des personnes qui ne se mêlent jamais au public des *troisièmes*. A quoi bon ces catégories si nous recherchons l'égalité? — Au théâtre, dans les fêtes, dans les réunions publiques les places des premiers rangs, celles où l'on est en évidence, ne sont-elles pas toujours préférées, occupées sans conteste par les autorités, les notables, les personnes riches? Les blouses, les robes de laine se contentent de rester en arrière. Ce privilége contraire à l'égalité existe partout en France, excepté à l'église.

La familiarité affectueuse du riche et du pauvre que l'on rencontre en Espagne, en Italie, ne se voit plus chez nous. Le bourgeois le plus révolutionnaire rougirait de recevoir un ouvrier à sa table, et croirait déchoir en épousant une ouvrière. Nous supportons, sans nous en apercevoir, des priviléges qui seraient intolérables à d'autres nations. Chez nous, un fonctionnaire ne peut être, pour des faits relatifs à ses fonctions, poursuivi devant les tribunaux sans une autorisation que le gouvernement est maître de refuser.

Ces inégalités, ces priviléges pourraient disparaître sans inconvénient, et nous les conservons.

Savez-vous où existe vraiment l'égalité? Dans la religion, et là seulement: devant Dieu nous sommes tous égaux; je me trompe, il y a quelque chose qui nous distingue, qui nous élève au-dessus des autres; ce n'est point le génie, ce n'est point la puissance, *c'est la vertu*; l'homme le plus pauvre, le plus délaissé, le plus petit aux yeux du monde, devient le plus grand aux yeux de Dieu, s'il est le plus vertueux! Voilà de la justice s'il en fut jamais! Oui, devant la religion nous sommes tous égaux; pour tous, même morale, même jugement, même Dieu; nous avons tous le même droit aux sacrements de l'Eglise, à ses bienfaits, à toutes ses faveurs; le pauvre comme le riche, l'ignorant comme le savant, le sujet comme le monarque peuvent y participer.

Ainsi, c'est une simple bergère, sainte Geneviève, que l'Eglise a choisie pour être la patronne de Paris. Le charpentier de Nazareth, saint Joseph, que notre divin Sauveur a choisi pour son père nourricier, est honoré d'une manière toute particulière dans toutes les contrées du monde chrétien, et a été proclamé récemment, par l'immortel Pie IX, le protecteur de l'Eglise universelle.

III.

FRATERNITÉ.

C'est encore un mot éminemment chrétien ; c'est le divin Sauveur lui-même qui est venu nous enseigner que nous sommes tous enfants de Dieu, tous *frères* par conséquent, que nous devons nous aimer les uns les autres, nous rendre mutuellement service ; c'est lui qui est venu nous apporter cette belle maxime, d'après laquelle nous devons faire aux autres ce que nous voudrions qu'on nous fît, les traiter comme nous désirons être traités.

Eh bien, les républicains qui parlent si souvent de la fraternité, la pratiquent-ils? Admirez, en effet, la *fraternité* de ce bon vivant (E. Picard), qui trouvait moyen de rire au milieu des angoisses de la France, et, en même temps qu'il demandait la suppression sans phrases de tous les journaux, donnait sa parole que notre pays serait le Mexique de la Prusse; de ce soldat verbeux qui se vantait de ne s'être mis à la tête du gouvernement que pour amener l'armée à la révolution ; de cet autre (J. Ferry) qui, convaincu comme tout le monde qu'une sortie serait sanglante, désastreuse et vaine, la réclamait pourtant comme une distraction nécessaire à Paris qui *s'ennuie;* du citoyen Challemel-le-Fusillard qui, étant préfet de Lyon pendant la guerre, voulait se débarrasser de M. Keller, ce vaillant député de l'Alsace, et envoyait au général Bressoles contre M. Carayon et ses braves volontaires cet ordre écrit, qu'il s'efforça en vain de nier dans une séance mémorable de l'Assemblée : « *Fusillez-moi ces gens-là.* » Ah ! combien d'innocentes et illustres victimes sont tombées sous le fer des assassins, aux cris de Vive la Fraternité ! Voilà comme l'on profane les plus beaux mots de notre langue.

Voyez leurs dignes ancêtres à la fin du siècle dernier ; le mot *fraternité* était sans cesse sur leurs lèvres ; il était inscrit comme aujourd'hui sur tous les monuments publics, et en même temps on persécutait les citoyens les plus honnêtes, on les jetait dans les cachots, on les envoyait en exil ou sur l'échafaud : le sol français était inondé du sang de ses enfants ! Quelle cruelle dérision !

On tremble encore rien qu'au souvenir de la *fraternité* des monstres de la première république, tels que l'avocat Robespierre de sanglante mémoire, et son farouche bras droit Collot d'Herbois ; tels que le médecin Marat, cette bête féroce dont on ne prononce le nom qu'avec répugnance ; et Carrier, le proconsul de Nantes, qui voulait faire un « cimetière de la France, » ce sont ses propres expressions ; et Fouquier-

Tinville, ce hideux accusateur de la Reine, qui envoyait par charretées ses victimes à l'échafaud ; et Lebon, l'ignoble assassin des habitants d'Arras, sa ville natale... Mais nous n'en finirions pas s'il fallait achever la série des monstres républicains d'aujourd'hui, d'hier et d'avant-hier, et accoler à chacun les actes qui les vouent aux flétrissures de l'histoire et de l'humanité.

Le *Stéphanois* a donné au sujet de l'anniversaire du 22 septembre 1792, l'article suivant qu'on lira certainement avec un vif intérêt : On sait, dit-il, que les radicaux se sont rabattus sur le 22 septembre qui rappelle la date de la proclamation de la république de 1792.

C'est en effet, quinze jours après les épouvantables massacres de l'Abbaye, des Carmes, de la Conciergerie, du grand Châtelet, du séminaire de Saint-Firmin, de la Salpêtrière et de Bicètre que fut inaugurée solennellement, par un vote de la Convention nationale, l'ère bienheureuse de la Liberté, de l'Egalité et de la Fraternité. Dix mille victimes égorgées, tel était le piédestal sur lequel on dressait le symbole du nouveau régime de paix et de concorde.

A l'Abbaye, on éventra à coups de sabre trois ou quatre cents prêtres et ce qui restait des Suisses échappés à la tuerie du 10 août. A la porte de la prison, Billaud-

Varennes, monté sur une chaise, criait aux bourreaux : « Peuple, tu immoles tes plus grands ennemis, tu fais ton devoir, peuple. » — Aux Carmes, deux cent quatre-vingts victimes furent immolées, parmi lesquelles deux archevêques. L'horrible besogne dura trois heures, car les prêtres étaient répandus dans toute la maison, on ne pouvait *frapper dans le tas*. On prit à la fin le parti de *rabattre le gibier*, c'est-à-dire de faire rentrer tous les malheureux dans l'église, où ils furent assommés en bloc...

A Bicêtre, on fusilla, on mitrailla, on éventra, on scia, on immergea pendant cinq jours et cinq nuits. Piques, haches, sabres, couteaux et poignards ne suffisant plus, on demanda à la *section* des *sans-culottes* les deux canons qui lui avaient été confiés pour protéger la tranquillité publique. Puis on rassembla la masse des pensionnaires de la maison dans l'angle d'une cour et l'on tira à quinze pas jusqu'à ce que tout fut haché. On tua les bons pauvres comme les criminels. On n'épargna pas même les fous !... Quelques prisonniers qui restaient à mettre à mort, s'étaient réfugiés dans les cabanons souterrains où les boulets ne pouvaient les atteindre. On s'occupait à les noyer à l'aide des pompes, lorsque Pétion se présenta. Il parla à ces bêtes féroces d'*humanité et de philosophie!* — Ils ne comprenaient pas. Voyant qu'il n'en obtiendrait rien, Pétion les quitta en leur disant : Eh bien, mes enfants, achevez ! — Ils achevèrent en effet, et le lendemain vendredi 7, quand ils partirent, il n'y avait plus âme vivante dans Bicêtre ! Treize jours plus tard, la moitié de ces *dix mille cadavres* n'étant pas encore ensevelis, la Convention proclamait la république !

C'est cet anniversaire que nos radicaux ont voulu célébrer dans les banquets *patriotiques* ?

Mais voici encore deux faits bien plus horribles que tout cela.

Une des plus curieuses séances du club des Jacobins fut sans contredit celle du 21 juillet 1793. Ce jour-là, l'ordre du jour embrassait deux propositions, qui toutes deux furent *votées à l'unanimité* : 1° Celle de faire *guillotiner* tous les individus français royalistes, hommes ou femmes, riches ou pauvres, *aussitôt* qu'ils auraient *atteint* 60 *ans*. — 2° De *saler et mariner les chairs* des suppliciés qui seraient reconnues saines et *de qualité mangeable*, afin qu'ils pussent devenir utiles à quelque chose après leur mort ! ! ! ...

Un homme vint un jour à la barre de la Convention annoncer un procédé simple et nouveau pour se procurer en abondance des cuirs dont on manquait. Invité à s'expliquer, il dit qu'il s'agissait de l'établissement d'une *tannerie de peau humaine*. Quoique cette demande fît frémir quelques-uns des membres de cette horrible assemblée, on renvoya cet homme vers le Comité de salut public qui accueillit la proposition et lui accorda pour exercer ce nouveau genre d'industrie, l'emplacement du château de Meudon, mais les portes en furent soigneusement fermées. On assure que plusieurs membres de ce comité furent les premiers qui portèrent des *bottes de cuir humain*, et comme Paris fournissait des armées, il a pu arriver à plus d'un défenseur de la patrie, d'être chaussé avec la peau de ses parents et de ses amis. Quelle horreur !

Voilà comment nos républicains, ces prétendus amis du peuple, entendent et pratiquent la *fraternité !* N'est-ce pas là la fraternité de Caïn ? que dis-je, c'est la fraternité des plus sauvages cannibales, et même pire encore !

Mais, direz-vous, pareilles monstruosités ne sont plus possible de nos jours, dans notre siècle de progrès et de civilisation. Cependant, détrompez-vous. Tout est toujours possible à la fraternité républicaine. Avez-vous donc si courte mémoire ? Avez-vous donc déjà oublié les faits qui ne sont que d'hier ? Les meurtres et les brigandages de 92 et 93 n'ont-ils pas été renouvelés dernièrement par la Commune de Paris ?

Ecoutez à ce sujet le *Times* de Londres lui-même : « Ni les Goths, dit-il, ni les Vandales, ni les Huns n'ont jamais commis un attentat aussi atroce contre la civilisation... il est certain qu'ils ne se sont jamais rendus coupables d'un aussi grand crime. Non-seulement ce ravage barbare a été commis en France par des Français, à Paris par des Parisiens, mais il a été commis sans une ombre de provocation : la noirceur d'un tel crime n'est pas même atténuée par les nécessités de la guerre civile ; c'est un acte de méchanceté préméditée et satanique. Il est clair que l'incendie a été projeté de propos délibéré, comme un acte de pure vengeance, lorsque les communards eurent vu que leur cause était perdue... Il a fallu un esprit diabolique pour livrer ainsi une ville à l'incendie et sa population au massacre et à la ruine... et leur dernier acte *les condamne à une éternelle célébrité*... L'histoire du monde n'offre rien de semblable à cette tragédie nationale, qui a commencé par la vanité et la faiblesse et finit par le crime, l'horreur et le désespoir. »

Mais voici le dernier mot des communards que nous extrayons d'un numéro de *Vermesch-Journal*: « Le gibet auquel on accrochera leurs charognes immondes (il s'agit des membres de la commission des grâces) s'élèvera sur la place de la Révolution, entre les deux fontaines. On le construira solide, pierre et fonte, pour qu'il dure aussi longtemps que ce siècle. Les cadavres des misérables seront goudronnées, afin qu'ils se conservent plus longtemps. Et, pendant que le vent les balancera dans l'air, pendant que les corbeaux leur becquetteront les yeux, la garde nationale fédérée veillera au pied du nouveau Montfaucon... » — Et vous, tigres, vous vous tuerez et vous vous dévorerez les uns les autres... comme vos ancêtres de la première République !

Donc, chaque fois que la république fait son apparition parmi nous et que ces grands mots, Liberté, Egalité, Fraternité, se trouvent à la tête de tous ses décrets, et affichés pompeusement sur les murs de la capitale, ils sont l'annonce infaillible de massacres comme en 92, en juin 48 et en mars 71 ; la liberté devient alors tyrannie, l'égalité une dérision, et la fraternité une guerre civile, le pillage, l'incendie, l'effusion du sang.

Cela ne rappelle-t-il pas involontairement les promesses mensongères du serpent infernal à nos premiers parents, dans le paradis terrestre ? « Vous serez libres, vous serez comme des dieux, disait-il aussi. »

Et le désordre, et l'anarchie, et les cruautés de la république ne sont-ils pas une figure, une image de la république de l'enfer ? ne donnent-ils pas une idée des cruautés, du désordre, de l'anarchie, des flammes de la *république infernale* où président les démons ?

Le règne de la vraie *démocratie*, de la Commune, de l'Internationale, de la république universelle sur la terre, en donnerait une meilleure et plus parfaite image encore ; ce serait même, comme on l'a fort bien dit, non plus l'image, mais la réalité de l'enfer sur la terre.

CHAPITRE IV.

OBJECTIONS.

Les chauds partisans de la république n'ont rien su trouver de mieux en faveur de leur idole et pour leur propre excuse que de citer l'exemple des républiques étrangères, de dire que la république est le gouvernement à bon marché, et que chacun y peut arriver au pouvoir ; et, tout fier d'avoir tant trouvé, ils concluent triomphalement : Donc la république est le meilleur gouvernement.

Mais il est facile de répondre à leurs pauvres objections et même de les en faire rougir davantage. Tout ce fatras n'est encore que de la juiverie et du charlatanisme, bon seulement à duper les simples et les naïfs. En effet :

I. *La république est-elle bien le gouvernement à meilleur marché?* N'est-ce pas, au contraire, tout l'opposé qui est la vérité ? Pour s'en convaincre l'on n'a qu'à voir et à calculer ce que nos trois république nous ont coûté. Le *Paris-Journal* et la *Décentralisation* de Lyon ont fait ce travail, qui est la réponse la plus catégorique, la plus éloquente et la plus irréfutable parce qu'elle se résume par des chiffres qui défient toute contradiction.

Depuis quatre-vingts ans nous avons eu trois républiques; voyons le prix de revient de chacune d'elles :

PREMIÈRE RÉPUBLIQUE.

(*Douze ans d'existence.*)

Vente des biens nationaux	3,325,000,000f
Emission d'assignats (1).	45,500,000,000
Emprunts forcés........	2,000,000,000
Emission de mandats....	2,407,000,000

Pendant cette période, *la France a vu périr* par les proscriptions, les fusillades, les mitraillades, les noyades, la famine, les échafauds, autant que par la guerre étrangère, près de *quatre millions d'habitants*, hommes, femmes ou enfants.

DEUXIÈME RÉPUBLIQUE.

(*Quatre ans d'existence.*)

Passif..................	7,000,000,000f
Impôt des 45 centimes...	Mémoire.

(1) Ce chiffre de 45 milliards 500 millions est donné par M. Thiers lui-même dans son *Histoire de la Révolution française*, t. VIII, ch. III, p. 191.

Pendant les insurrections de février et de juin 1848, il y eut vingt mille hommes tués.

TROISIÈME RÉPUBLIQUE.

(*Du 4 septembre* 1870 *au* 28 *mai* 1871.)

Dépenses occasionnées par la continuation insensée de la guerre, alors qu'il eût été possible de conclure une paix acceptable, supplément d'indemnité réclamé par la Prusse, et gaspillage financier de la dictature Gambetta......	7,000,000,000f
Dommages causés par l'invasion............	Mémoire.
Dommages causés par la Commune............	2,000,000,000

Le nombre des hommes que l'ambition des républicains a fait périr depuis le 4 septembre s'élève à cent cinquante mille ; et celui des hommes tués pendant la Commune, à trente mille.

En résumé, dans *moins de dix-sept ans de règne*, les républicains ont coûté à la France environ 70 MILLIARDS ; et par leur ambition, leur despotisme, leur incapacité ou leur scélératesse, ils ont été la cause de la mort de plus de 4 MILLIONS de Français.

N'est-ce pas que c'est pour rien ? Allons ! Français, crions en chœur : Vive la république !

Voyons maintenant quelle fut la dette de

la royauté jusqu'en 1789, après plus de mille ans de prospérité et de gloire, dette qui provenait en partie de la guerre que la France venait alors de faire en Amérique pour l'indépendance des Etats-Unis. Admettons même, comme le veulent quelques-uns, que cette dette ait été de deux milliards quatre cents millions (des historiens sérieux donnent un chiffre bien moindre). Hé bien ! qu'est-ce donc à côté des 70 *milliards* de la République ? Comparez cette dette de la monarchie après mille ans, comparez-la avec les cinquante-trois milliards deux cent trente-deux millions de la première république, pendant douze ans seulement, et avec les autres milliards et millions des deux républiques suivantes, et jugez si c'est la république qui est le gouvernement à bon marché.

Mais ce n'est pas tout. De là il s'ensuit encore, et tout naturellement, que c'est sous la république qu'on paye le plus d'impôts, tandis que sous la royauté on en payait le moins. En effet, même sous la Restauration, après les deux invasions occasionnées par l'ambition de Napoléon Ier, on ne payait que 950 millions, tandis que après 48 cette somme a été *doublée*, et maintenant, hélas ! plus que *triplée*. Mais que serait ce donc si nous ajoutions encore toutes les charges énormes qui ont pesé et pèsent encore de plus en plus sur chaque commune?

Et, malgré tout cela, nos républicains ont

l'outrecuidance de venir nous dire que la république est le gouvernement à bon marché ! Est-il possible de se moquer davantage des gens ?...

Après avoir vu passer devant nos yeux ces vertigineux milliards de la république, il devient inutile de se demander pourquoi des avocats qui avant le 4 septembre n'avaient pas de linge sont aujourd'hui châtelains et millionnaires... Passons.

II. C'est, disent-ils encore, le *gouvernement où chacun peut arriver au pouvoir*. N'est-ce pas charmant ? « Vous serez tous rois, vous serez comme des dieux ! » Mais ne voyez-vous pas quel aveu vous faites là, quelle preuve vous fournissez contre vous-mêmes ? Chacun peut arriver au pouvoir, chacun peut donc devenir président, dictateur, empereur ! Chacun le pouvant, supposez que chacun le veuille, que s'ensuivra-t-il ? Supposez même que, sur des millions qui d'après vous, peuvent arriver au pouvoir, il n'y en ait que mille qui le veuillent. Chacun de ces mille aura ses créatures, ses adhérents ; quelles haines, quelles jalousies, quelles rivalités, quelles guerres civiles, quels massacres, quelle anarchie, pour n'avoir pas voulu de la monarchie ! Au lieu d'un roi, il y en aura sept cents, comme on l'a déjà dit, et plus même.

Il n'est donc pas étonnant que, dans moins de dix-sept ans de règne, les républicains nous aient coûté 70 milliards ; car ces roitelets sachant qu'ils n'ont que peu de temps, poussés qu'ils sont par des milliers de dauphins rouges, tâchent de faire vite leurs affaires.

Chacun peut arriver au pouvoir sous la république ! Est-ce vrai ? N'est-ce pas encore une insigne duperie ? Cela peut-être vrai pour les plus fourbes, les plus rusés, les plus avides, les plus audacieux, pour ceux qui s'entendent le mieux aux conspirations, aux menées ténébreuses, aux coups d'Etat. — Il en est de même pour les autres places et emplois de la hiérarchie gouvernementale. Mais citons quelques exemples.

M. Petetin, directeur de l'imprimerie impériale, a fait connaître, devant la commission d'enquête sur le 4 septembre, cet épisode curieux de son remplacement.

Le 4 septembre, M. Petetin voit arriver un monsieur portant un ordre signé *Jules Favre*, lui enjoignant, au nom de la république, de prendre possession de l'imprimerie. C'était M. Marion, député de l'Isère. A peine le nouveau venu a-t-il eu le temps d'expliquer l'objet de sa mission, qu'arrive un autre directeur. Celui-là c'était le citoyen Mathias, il avait un ordre signé *Arago*. Enfin survint un troisième directeur, porteur également d'un ordre en bonne forme révolutionnaire. Tableau ! ils étaient là tous trois s'installant et aucun ne voulant céder la place. — Le lendemain arriva un quatrième directeur qui accorda les prétentions des trois autres, et occupe depuis les fonctions de directeur de l'imprimerie nationale.

Autre exemple : « On sait, dit l'*Univers,* à l'aide de quel expédient M. Crémieux était parvenu en 1848 à se faire nommer membre du gouvernement provisoire.

» Rappelons par quels moyens non moins ingénieux il prit au ministère de la justice, le 4 septembre 1870, la succession de M. Émile Olivier.

« Ce jour-là, au milieu du désarroi général, tandis que la Chambre perdant la tête se laissait infliger la république par une demi-douzaine de chenapans, M. Crémieux qui, lui, avait tout son sang-froid, se dirigea *presto* du côté de la place Vendôme.

» Arrivé à la porte du ministère de la justice, il entre sans hésiter : l'antichambre est déserte, déserts sont les bureaux. Crémieux monte au premier ; là il rencontre un garçon de salle, lui jette son nom avec ces mots : « Je suis le nouveau garde des sceaux, » et il pénètre ainsi bravement dans le cabinet de M. Émile Olivier où il s'installe.

» Dix minutes après un nouveau personnage, essoufflé, s'épongeant le front, gravissait quatre à quatre les marches du ministère, rencontrait le même subalterne et s'annonçait ainsi, tout en se dirigeant vers le bienheureux cabinet :

— Emmanuel Arago, ministre de la justice.

— Pardon, fait le garçon en lui barrant le passage, *il y a quelqu'un.*

— Quelqu'un ! et qui donc ?

— M. Crémieux.

— Déjà !... Ah le gueux ! s'écria de sa voix tonitruante Arago en se résignant à rétrograder : il m'a coupé le ministère sous les pieds ! »

N'est-ce pas encore la république qui introduit le plus de castes et de priviléges : n'a-t-elle pas des familles républicaines, des républicains de la veille et du lendemain, des républicains de naissance qui prétendent avoir droit à tout, des républicains par conversion ou par apostasie qu'on voit entrer d'emblée dans tous les postes petits et grands, uniquement parce qu'ils se disent républicains ? Que d'exemples ne pourrions-nous pas citer d'assassins, d'anciens transportés et condamnés à mort, qui sont devenus préfets, députés, généraux, directeurs de prisons... sous la république du 4 septembre ! Sous la république encore, que d'exclusions, et les plus iniques, et les plus arbitraires, et les plus désastreuses pour la patrie, comme celle des Frères des écoles, pour ne citer que cet exemple !

Donc voici : « POURQUOI JE NE SUIS PAS RÉPUBLICAIN.

Tant que je verrai les déclassés, les bohêmes, les fruits secs, les vaniteux, les intrigants, les paresseux, les décavés, tous ceux qui veulent parvenir à peu de frais ou se venger du sort, tant que je les verrai aller à la République, ainsi qu'aux jours d'été, les mouches vont à la viande...

Tant que les Garibaldi, les Hugo, les Pyat, les Quinet prêcheront la haine du prêtre en même temps que l'amour de la république... Tant qu'un Michelet pourra s'écrier, non sans raison, que « la vie de la république, c'est la mort de l'Eglise. »

Tant que les faiseurs du 4 septembre seront là, tout prêts à se jeter sur la barre, à accaparer de nouveau le gouvernail, tant qu'un pouce de terrain nous restera qu'ils pourront compromettre ; une pierre de nos remparts qu'ils pourront céder... Tant que je les verrai, ces purs, ces intègres, la main dans tous les tripotages des marchés de la défense ; tant que je les verrai, ces patriotes, encombrer les bureaux de leurs traînards, de leurs infirmes d'occasion...

Tant que je les verrai, ces champions des libertés à outrance, une fois au pouvoir, mettre la main sur la presse, coffrer les journalistes, violer le secret des lettres, dissoudre les Conseils généraux, suspendre le suffrage universel, en un mot, faire le vide... tout prendre et tout retenir, tout tirer à soi; la dictature des Rabagas, des Ranc, des Pipe-en-Bois, la France sous la coupe des Gent, des Challamel, des Esquiros, des Duportal, des... ces rossignols de la démocratie provinciale, ces tambours-majors de l'armée démagogique...

Tant que les assassins de la Roquette, les bourreaux de la barrière d'Italie, les égorgeurs de la rue Haxo, les pensionnaires du fort Boyard, continueront à se dire de « *bons bougres de républicains*, » de vrais, de solides républicains... Tant que le bilan de nos trois républiques démontrera ceci : qu'en dix années à peine, la république a versé plus de sang, amassé plus de ruines, détruit plus de monuments, allumé plus d'incendies que mille ans de despotisme et de barbarie (*style républicain*)....

Tant que les journaux républicains s'appliqueront à pervertir la notion du vrai, et jusqu'au sens des mots : — tant que Rabagas sera un homme d'État et Crémer un homme de guerre; — tant que Ferry tiendra une ambassade, Barodet son écharpe, Bonvalet son siége curule... Tant que je verrai ces choses qui froissent mes convictions et mon bon sens, humilient mon patriotisme, je ne serai pas républicain. » (*Propagateur.*)

III. Venons aux *républiques étrangères* que nos charlatans politiques, à bout d'autres arguments, préconisent et nous citent comme des modèles.

1° Voyez la *république suisse*, disent-ils, comme on y est libre et heureux ! En effet, tout ce qui s'y passe sous la dictature des tyranneaux Teuscher, Carteret, Froté, Céresole, Bodenheimer, etc., etc., en est la preuve : révision et changement de la Constitution fédérale, pour la remplacer par la Centralisation d'abord, et par le Prussianisme ensuite ; refuge et protection accordés aux bandits, aux scélérats, aux incendiaires; expulsion de ses plus grands, de ses plus illustres citoyens ; infâme persécution des catholiques, qu'on tracasse de toutes manières. Ainsi le gouvernement vole aux catholiques leurs églises pour les donner aux apostats et aux nouveaux hérétiques qui s'appellent *vieux-catholiques*, et obéir par là aux ordres de M. de Bismark et se montrer sa très-docile et très-soumise avant-garde, etc., etc. Tout cela montre, en effet, combien on doit être libre et heureux en Suisse.

Cependant, citons encore, comme preuves, quelques-uns des aveux échappés même aux journaux les plus républicains. Voici ce que dit un ami, le *Journal des Débats* à propos des votes pour la révision de la Constitution : « L'*omnipotence du nombre*, c'est l'*omnipotence de l'Etat*, la *centralisation*, le *despotisme*, en république comme en monarchie. Si, une fois sur cette pente où la met le *régime plébiscitaire*, la Suisse la descend jusqu'au bout, elle verra disparaître peu à peu, de plébiscite en plébiscite, ce système fédératif qui a fait sa force, sa prospérité, sa liberté. Ajoutez que la loi du nombre donnera toujours gain de cause aux *Suisses allemands*. » Que d'excellentes conclusions il y aurait à tirer de ces aveux !

La brutale expulsion de Mgr Mermillod, évêque de Genève, a soulevé l'énergique réprobation de la presse française : « Mgr Mermillod, dit *Paris-Journal*, a été conduit à la frontière par un commissaire de police et sous une escorte de gendarmerie ; il a été traité, lui prélat connu dans toute l'Europe pour ses vertus, pour sa douceur, pour son savoir et pour son éloquence, il a été traité avec plus de dureté, avec une violence plus discrétionnaire qu'un malfaiteur ou qu'un repris de justice.

« Ce fait est l'un des épisodes les plus monstrueux de l'histoire contemporaine : c'est le sentiment des journalistes même qui sont les plus entachés de républicanisme et les plus détachés de l'esprit religieux... Qu'un pouvoir soi-disant démocratique, qu'un sénat composé de prétendus libéraux violent les lois en vertu desquelles ils exercent leur office, frappent d'exil un homme né sur le territoire qu'ils régissent et ce, sans procès, sans formes juridiques, sans motifs d'urgence et de péril public, et ce, parce que cet homme ne veut point se soumettre à des injonctions dogmatiques qui blessent sa conscience, nous disons que c'est un outrage au droit individuel, à la civilisation, à la morale même ; et toute l'Europe en jugera comme nous. »

Il n'est pas jusqu'au *Siècle* lui-même qui n'ait honte des procédés tyranniques de ses amis de Genève. « On nous permettra, dit-il, de ne pas approuver l'expulsion de M. Mermillod ; n'était-ce pas assez de le priver de ses fonctions, de lui interdire la chaire... ? Fallait-il lui donner les apparences du martyre en le faisant conduire entre deux gendarmes jusqu'à la frontière ?... Au point de vue supérieur de la *liberté humaine*, nous trouvons la mesure prise contre M. Mermillod infiniment regrettable. »

Et remarquez bien que nous pourrions citer, de la république suisse, des centaines de faits analogues, les uns plus édifiants que les autres. Donc...

2° Mais la *république des Etats-Unis* en Amérique ? — Eh bien, savez-vous, par exemple, comment s'y pratiquent les élections ? On n'imagine pas en France les fraudes auxquelles les élections y donnent lieu. Le cynisme avec lequel on manipule et l'on sophistique le suffrage universel est bien fait pour dessiller les yeux de ceux qui ont cru à l'excellence de ce moyen de gouvernement... Ainsi, entre autres fraudes, on emploie surtout dans les deux camps de nombreux *repeaters*. Le *repeater* est un homme qui, avant le jour du vote, se fait inscrire sous des noms différents, grâce à la connivence des citoyens de son parti, dans plusieurs quartiers d'une même ville. Le jour de l'élection, il vote huit, dix, douze fois et même plus souvent encore. Ainsi, il y a quelques années, l'on en a arrêté un à New-York qui, à une heure de l'après-midi, avait déjà voté vingt-sept fois. Il fut condamné à deux ans de prison ; mais, comme le parti pour lequel il avait violé la loi était sorti vainqueur de l'urne électorale, il fut immédiatement gracié par le gouverneur.

Le *repeater* reçoit en général de cinq à six dollars par vote. Il y a quelques risques, mais le profit est tentant. Certains chefs d'atelier, qui disposent de plusieurs centaines de voix, les vendent souvent à meilleur marché, en gros. Ainsi un homme, dans une petite ville du Connecticut, avait vendu ses 153 ouvriers à deux dollars la pièce. Quand vint le dépouillement du scrutin, celui qui les avait payés chercha ses 153 voix, et les trouva en bloc du côté opposé. Furieux, il va trouver son industriel et lui dit : Eh bien, vos hommes ont voté contre moi ! — Oui, sans doute. — Mais je vous les avais payés ! — C'est vrai ; mais vous ne m'en aviez donné que deux dollars, et votre concurrent m'en a donné trois — Pourquoi n'êtes-vous pas venu me demander un dollar ? — J'y aurais perdu deux dollars. Vous m'en aviez donné deux ; votre rival m'en a donné trois, total cinq. C'est-à-dire qu'au lieu de 459 dollars, j'en ai palpé 765.

Voilà le danger de ces marchés : il faut se fier à leur *honnêteté*, et payer d'avance. Comme l'on se permit un jour de faire quelques observations à ce sujet à un *politicien* fort échauffé par un triomphe récent qui lui avait coûté très-cher, celui-ci se fâcha tout rouge. « Nous sommes un peuple libre ! s'écria-t-il. Ici, chacun fait ce qu'il veut, *by George !* et celui à qui ce genre d'existence ne plaît pas, *by god !* on le force à faire comme les autres. Nous sommes un peuple libre ! »

Citons encore ce trait, intéressant pour la France, de Washington, l'illustre fondateur de la république des États-Unis et l'inimitable modèle des futurs présidents de république. C'était en 1754. Les Anglais d'Amérique attaquaient les Français du Canada et prétendaient leur enlever l'Ohio. Washington, âgé de 21 ans et servant comme major dans les milices de la Virginie, fit traîtreusement assassiner un parlementaire français avec neuf hommes, et donner en cadeau aux sauvages les autres prisonniers français pour les torturer et les mettre à mort.

Washington, sachant que cet acte pesait sur sa renommée, voulut l'expliquer mensongèrement, bien que jamais guet-à-pens ne fût mieux constaté. Ainsi après avoir assassiné, Washington a menti, comme il dut en convenir dans la suite quand il demanda à capituler. Le frère du parlementaire assassiné lui dit : « Nous pourrions venger un assassinat ; nous ne l'imitons pas. » Et lui accorda une capitulation dont voici le préambule :

« Comme mon intention n'a été que de venger l'*assassin* qui a été fait sur un de nos officiers, porteur d'une sommation, et sur son escorte, comme aussi d'empêcher aucun établissement sur les terres du roy mon maître ; — A ces considérations, nous voulons bien accorder aux Anglais qui sont dans le fort les conditions ci-après. »

Dans ces conditions, les Anglais reçoivent les honneurs de la guerre, sont garantis contre les insultes, peuvent *cacher* leurs effets pour les venir reprendre lorsqu'ils auront des transports ; ils ne livreront que l'artillerie, et le vainqueur leur laisse même « une petite pièce de canon, » voulant par là « les traiter en amis. « Mais l'article VII doit être reproduit :

« Art. VII. Que comme les Anglais ont en leur pouvoir un officier, deux cadets et généralement les prisonniers qu'ils ont faits DANS L'ASSASSINAT DU SIEUR DE JUMONVILLE, et qu'ils promettent de les renvoyer.... pour sûreté de cet article, MM. Jacob Wambram et Robert Stobo, tous deux capitaines, nous seront remis en otage jusqu'à l'arrivée de nos Canadiens et Français ci-dessus mentionnés.

« Fait double sur un des postes de notre blocus. Signé : *James Mackay*, GEORGES WASHINGTON, *Coulon de Villiers.* »

O noble, noble vieille France !

Cet autographe de Washington est au dépôt des archives de la marine, volume 3393, pièce 102 *bis*.

Et voilà l'homme qui devait recevoir tant d'éloges des républicains français !

On se rappelle encore l'effroyable et sanglante *guerre civile* entre le Nord et le Sud de cette république américaine, qu'on nous cite pour modèle.

Un autre exemple de république modèle qu'on a cité, c'est la *république espagnole*... pauvre Espagne ! Et voilà où nos fiers républicains vont chercher des modèles pour notre France !

Il faut donc conclure de tout cela que la république, entendue dans le sens de *gouvernement démocratique*, est la dernière et la plus infime forme de gouvernement ; nous venons d'en donner les preuves les plus convaincantes de raison ; et l'expérience et les faits ne nous manquent pas.

Mais allons encore plus loin et supposons même que les choses se passent tout autrement en Suisse, en Espagne et dans les Etats-Unis, et que ce soient vraiment de bonnes républiques, des républiques modèles ; que s'ensuivrait-il ? Tout simplement qu'il peut y avoir de bonnes républiques. Voilà tout. Mais pourrait-on en conclure qu'il faut par conséquent abolir les monarchies et les remplacer par la république ? Ne serait-ce pas ridicule et insensé ?

Ce serait certes aussi ridicule et insensé que de dire : parce que tel régime, telle manière de vivre va à une famille, à un individu, à un malade, ce même régime doit aller à toutes les familles, à tous les individus, à tous les malades. Ou bien, parce que telle et telle plante vient bien dans les marécages, elle doit réussir partout, et partout il ne faut cultiver que des plantes marécageuses. Ou encore, parce que la vigne réussit en France, elle doit réussir partout et il faut la cultiver dans tous les pays. Qui ne comprend, en effet, que le terrain et le climat doivent s'y prêter, car sans cela on pourrait recommencer cent et cent fois sans jamais réussir, et au lieu de raisins ne récolter chaque fois que des déboires et de la misère. Il en est de même pour le gouvernement et la constitution d'un peuple.

« Qu'est-ce qu'une Constitution ? a dit

M. de Maistre dans ses *Considérations sur la France* N'est-ce pas la solution du problème suivant : étant données la population, les mœurs, la religion, la situation géographique, les relations politiques, les richesses, les bonnes et mauvaises qualités d'une certaine nation, trouver les lois qui lui conviennent... Une Constitution qui est faite pour toutes les nations, n'est faite pour aucune. »

Les Constitutions, en effet, sont les formules des régimes des peuples, et ces régimes doivent être en rapport d'harmonie avec le tempérament intellectuel, moral et politique de chacun d'eux.

CHAPITRE V.

CONCLUSION.

La France n'est pas faite pour la république, l'expérience le prouve. Le gouvernement républicain n'est pas digne de la France.

Du passé concluons à l'avenir. La république est la cause de nos malheurs et de nos désastres ; trois fois déjà nous l'avons expérimenté ; et elle vient de nous conduire jusqu'au bord de l'abîme. Ce sont trois grands avertissements de Dieu. Sachons en profiter et ne plus recommencer cet épouvantable et infernal jeu : nous serions inexcusables.

Le bon sens et l'histoire, ainsi que nous venons de le voir, nous disent que la république est *la dernière, la plus infime forme de gouvernement*, où toujours la patrie est sacrifiée à l'ambition de ceux qui s'y disputent le pouvoir et les charges.

La république même, pourrait-on dire, n'est pas un gouvernement ; on la confond avec la *démocratie* ou mieux encore avec la *révolution*, qui est la négation de tout gouvernement ; c'est le corps social sans tête, c'est une famille dont les enfants, sous prétexte de liberté, ont chassé leur père. Or, qui pourra jamais croire qu'une fois le père chassé, les enfants soient plus unis entre eux ?

C'est là le ridicule et absurde principe de la *souveraineté du peuple, du gouvernement de tous par tous :* de là *le peuple se faisant la loi à lui-même*, de là *le peuple conférant l'autorité à ceux qui le gouvernent.* Principe athée et révolutionnaire, destructeur de tout bon sens, de tout ordre et de toute liberté.

Principe, d'ailleurs, absurde de tout point.

1° Absurde, parce qu'il suppose une nation existant sans chef, c'est-à-dire un corps existant sans tête.

2° Absurde, parce qu'il assimile la formation d'une nation à la formation d'une *société de commerce* ou à un *contrat civil passé devant notaire.*

3° Absurde, parce qu'il fait tomber dans un cercle vicieux, puisque le peuple qui commande est le peuple qui obéit, et le peuple qui obéit est le peuple qui commande.

4° Absurde, parce qu'il suppose qu'on peut donner ce qu'on n'a pas. Or, je vous le demande, comment donc le peuple, qui n'a que le *devoir* d'obéir, peut-il donner le *droit* de commander ?

Les menteurs ! ils appellent le peuple souverain, ils l'appellent *roi*, lui mettent une couronne sur la tête, l'entourent de fleurs, tout à fait comme les bouchers de Paris font du bœuf gras, au carnaval, avant de l'immoler.

Non, non, notre France n'est pas faite pour la république, cet infime et dernier degré de gouvernement ; gouvernement sans tête, sans cohésion, sans unité et sans paternité ; gouvernement de sang et de feu, d'anarchie et de mort, que Dieu paraît n'avoir créé que pour l'enfer et pour les démons.

En enfer il y a continuellement république, *démoncratie*. — Nos trois républiques, par bonheur si courtes, suffisent cependant pour nous donner une idée de la république infernale. Mais quand les pétroleurs seront les maîtres, quand ils auront fait la république universelle, alors nous aurons sur la terre la vraie république, l'enfer....

QUELLE EST LA MEILLEURE FORME DE GOUVERNEMENT ? — Elève, ô France ! tes yeux et ton cœur, *sursùm corda !* Ce n'est pas en bas, c'est en haut, c'est dans les cieux mêmes qu'il te faut chercher un exemple.

de gouvernement digne de toi, digne de ton passé et de tes illustres destinées.

La meilleure, la plus parfaite forme de gouvernement, c'est la *monarchie*. C'est pour cela que Dieu l'a choisie pour le gouvernement de son Royaume, du Royaume céleste, qui est la Monarchie divine ; c'est pour cela aussi que Dieu l'a choisie pour l'Eglise et pour la famille, c'est-à-dire pour les deux sociétés qu'il a instituées lui-même, non-seulement quant au fond, mais encore quant à la forme, et qui sont les sociétés les plus fortes, les plus intimes et les plus durables.

La monarchie est la meilleure forme de gouvernement, parce qu'elle est l'image vivante du gouvernement de Dieu, souverain et suprême Monarque. Elle est encore l'image du gouvernement d'un père : la monarchie n'est autre chose que la paternité transportée dans l'Etat.

En effet, le pouvoir était attaché primitivement et complètement à la paternité, et se transmettait ensuite par droit naturel d'héritage, selon l'ordre de primogéniture. C'est cette loi qu'on appelle la *loi d'Adam*, pour nous faire comprendre que Dieu l'avait donnée à Adam, qu'Adam la transmit à ses enfants, qu'elle a été le fondement de toute la législation primitive, et qu'elle est le seul vrai droit public traditionnel et légitime de l'humanité. « Dès la plus haute antiquité, dit M. de Bonald, les

rois ont été appelés les *pères des peuples.* »
— « Le pouvoir législatif a donc son fondement dans la nature, dit Bossuet, et la royauté et la paternité sont une seule et même chose. *Les hommes naissent tous sujets*, et l'empire paternel qui les accoutume à n'avoir qu'un seul chef dans la famille, les accoutume en même temps à n'avoir qu'un seul chef dans l'Etat ; primitivement ce chef n'était autre que le père lui-même. — Jamais, dit-il encore ailleurs, on n'est *plus uni* que sous un seul chef. Jamais aussi on n'est *plus fort*, parce que tout va en concours. »

Il n'est pas nécessaire d'avoir du génie pour comprendre cette vérité, le bon sens seul et la connaissance la plus élémentaire de l'histoire suffisent. Le bon sens et l'histoire nous disent à la fois qu'il faut un roi à un peuple, comme il faut un père à des enfants.

Aussi les grands hommes de tous les temps s'accordent à dire que la monarchie est la meilleure forme de gouvernement. Ainsi Tite-Live, qui est à Rome la voix de l'histoire, a dit : « La monarchie est la plus belle chose qui existe au ciel et sur la terre. » (*Liv.* XXVI.) — Et Hérodote, qui est en Grèce la voix de l'histoire, a dit : « La monarchie est le meilleur gouvernement. » (*Liv.* III.) — Platon l'a répété après lui, en ajoutant que « un bon Roi est un Dieu parmi les hommes. »

« L'histoire nous affirme, dit de Bonald, que la cause de la grandeur de Rome fut dans la *partie monarchique* de sa constitution, et le principe de sa décadence dans la partie démocratique. » L'histoire affirme cette même vérité pour tous les peuples.

La forme monarchique est encore *la plus favorable à la liberté des sujets*, parce qu'elle est essentiellement paternelle et intéressée à réaliser le bonheur de ses sujets, en les garantissant contre les tyrannies subalternes de l'administration ; de là le *mot de nos pères* contre les abus locaux : « Ah ! si le roi le savait. » C'est, en effet, sous nos rois légitimes que les communes ont été affranchies, que l'esclavage païen a été aboli, que les associations libres d'ouvriers se sont formées, que les provinces ont obtenu leurs immunités et leur vie propre, et que jamais la centralisation n'a dévoré, absorbé et humilié la France comme sous tous les nouveaux régimes.

Oh ! que la France était grande, prospère, illustre, glorieuse et respectée sous ses rois. « Pas un coup de canon ne se tirerait en Europe sans ma permission si j'étais roi de France, » disait autrefois un roi de Prusse, avant que nous eussions goûté de la république; mais depuis, hélas ! quel changement, quelle décadence, quels abaissements ! La France dans le *provisoire* et dans *l'isolement* au milieu des nations, sans alliés et sans considération.

Et qui en profite ? — La *Prusse*, qui ne ne peut rien désirer de mieux pour elle ni de pire pour nous. — En effet :

On trouve dans la *Gazette de Spener*, enragé journal prussien, un aveu qui soulève un des voiles de la politique allemande, et qui prouve quels services le radicalisme français rend et a rendus à la Prusse. « Nous ne pouvons croire, dit-elle, que le gouvernement républicain une fois établi en France puisse nuire à notre vie politique ; il sera plutôt un épouvantail pour notre nation, qui se trouvera d'autant plus heureuse de posséder une organisation monarchique et solide. C'est précisément pour cela que nos hommes d'État commettraient une *faute grave* s'ils voulaient favoriser en France une Restauration.

Le soir de l'élection Barodet, dans une brasserie de la rue du faubourg Saint-Martin, un citoyen témoignait sa joie d'une façon bruyante. — « Enfin, s'écriait-il, nous sommes sûrs de notre affaire, nous les tenons ces réacs, ces monarchiens. » Un individu se lève, vient vers le citoyen et lui serre les mains avec effusion : « Croyez bien, lui dit-il, que *je partage* toute votre joie. — Ah ! s'écrie le citoyen en embrassant l'homme qui parlait ainsi, vous êtes un frère, vous êtes un pur ; gageons que vous avez voté pour Barodet ? — Je n'ai pas pu voter, reprend simplement l'individu, *je suis Allemand.* »

M. de Bismark surtout, cet ennemi si acharné de la France et de son influence, comprend combien la monarchie légitime pourrait rendre à la France sa prospérité et sa prépondérance ; il n'est donc pas opposé à la république en France, bien au contraire. Il pense, en effet, que la république ne pourrait que ruiner encore davantage notre pauvre patrie. Il préférerait cependant encore le rétablissement d'un Napoléon, comme devant être plus fatal pour la France. « Mais la monarchie légitime, dit-il, concentrerait autour d'elle les intérêts conservateurs de la France ; elle deviendrait une force sociale avec laquelle nous aurions à compter, car elle prendrait pour base la restauration de ce que la France appelle sa nationalité. C'est là un des événements qu'en politique il ne faut pas attendre, mais prévenir. »

« Ma conviction profonde, écrivait le 28 octobre 1873 un illustre député, Mgr Dupanloup, à M. le pasteur de Pressensé, c'est que les maux de la France, si ce qui se prépare (la Restauration monarchique) échoue, étonneront de nouveau le monde ; nous irons de calamités en calamités, jusqu'au dernier fond de l'abîme. Et la malédiction de l'avenir et de l'histoire s'attachera à ceux qui auront empêché cette œuvre, et précipité cette malheureuse

France sur la pente fatale où elle est entraînée, depuis bientôt un siècle, de catastrophe en catastrophe.

« Voilà pourquoi, Monsieur, je désire la monarchie, dont vous avez peur : en quoi il est triste pour vous d'avoir comme alliés tous les jaloux, *les ennemis mortels de la France,* qui, eux aussi, *à Berlin* et ailleurs, *ont peur de la monarchie,* car ils savent bien que la monarchie referait la France libre et prospère, grande et puissante. L'instabilité de la France et ses agitations incessantes leur vont mieux.

« N'avons-nous pas la plus belle famille royale qui soit en Europe ? Que de fois, pendant la guerre, au milieu de nos malheurs, en voyant tous ces princes allemands à la tête de leurs soldats, que de fois me suis-je dit : « Ah ! s'il y avait aussi à côté des braves chefs de nos armées tous nos vaillants princes ! Le sort des armes peut-être changerait. » Mais alors, nous étions en république, et c'était, hélas ! un avocat qui commandait à nos généraux... »

Quand, ah ! quand verrons-nous donc clair ? quand enfin comprendrons-nous nos intérêts, les intérêts de notre pauvre patrie ? Quand nous réveillerons-nous de ce sommeil de mort dans lequel l'opium révolutionnaire nous a assoupis ? Quand briserons-nous les infâmes liens du mensonge et de la terreur dans lesquels les sectes infernales nous tiennent enchaînés, pour ressaisir la vie, la liberté et le salut? Tous ces biens sont devant nous. Mais pour les avoir, pour les mériter, il faut ressusciter en nous la droiture et la franchise, l'énergie et la vaillance proverbiales de nos pères, de ces héros *sans peur et sans reproche*...... « Aide-toi et Dieu t'aidera. »

Le Ciel nous offre un Roi, un sauveur : le comte de Chambord, *Henri V*, notre Roi légitime, le seul digne et légitime successeur de Clovis, de Charlemagne, de Philippe-Auguste, de saint Louis, de Henri IV, de Louis XIV, de Louis XVI ; le seul qui puisse nous tirer de l'abîme des révolutions et faire refleurir, sur notre terre de France, la paix véritable et le véritable bonheur.

Un Parisien, patriote à outrance, écrivait, il y a deux ans, ceci : « Le roi Charles X, si dédaigné par les sots savants, les intrigants et les ignorants était en probité, en patriotisme et surtout dans l'art de gouverner, mille fois supérieur aux hommes de 93, de 1830, de 1848, du 4 septembre à 1872, aux Bonapartes. Tous pygmées en probité, en patriotisme ; vandales qui ont livré la France à tous les désastres, 3 fois aux Prussiens, perdu l'Alsace, la Lorraine, *trente milliards*, nos colonies, notre marine, assassiné un million de leurs concitoyens, fait périr *quatre millions* d'hommes dans des guerres insensées qui n'avaient pour but que le pillage, le brigandage et la consolidation de leur tyrannique autorité.

« Le roi Charles X, en donnant à la France l'Algérie, la liberté des mers et le Rhin pour frontière, allait doter la patrie de l'un des plus grands règnes du monde ; mais les stipendiés d'Angleterre, sûrs d'y mettre obstacle en jetant dans l'exil leur roi, la liberté, la gloire et l'honneur dont le retour seul peut sauver la nation.

« *Henri V* sur le trône vaudrait à la France plus qu'une armée de 500,000 hommes, et une économie de 500 millions par année ; il relèverait l'honneur, la dignité nationale, rétablirait la concorde et la vraie fraternité.

« DESLOGES, *patriote à outrance.* »

Eh bien ! voilà justement ce qu'il nous faut. En effet, que demandons-nous ? que demande le peuple français ? Un gouvernement ferme, honnête, respecté au dedans et au dehors, qui lui permette de gagner tranquillement sa vie et d'élever sa famille sans trop payer d'impôts. Voilà pourquoi ce peuple a particulièrement horreur de la république, qui est pour lui le gouvernement des avocats, des *fainéants*, des voleurs, des Robespierres, et qui toujours, sous mille prétextes, lui demande et lui redemande sa bourse et souvent sa vie. — A qui en effet, dites-moi, ont profité les douze ou treize révolutions qui, depuis 89, se sont succédé sans interruption ? Est-ce aux pauvres gens ? est-ce aux ouvriers de nos grandes villes ? est-ce aux cultivateurs de nos campagnes ?...

Il n'y a plus de sécurité dans les esprits, plus de stabilité dans les affaires, et par conséquent il n'y a pas d'affaires ; le travail est interrompu à tout propos ; or le travail, qu'est-ce pour l'ouvrier et le pauvre peuple, sinon le pain quotidien, le strict nécessaire ? Pour le riche, les révolutions sont sans doute fort désastreuses aussi ; mais enfin elles ne le privent que du superflu. A l'ouvrier, au pauvre travailleur, elles enlèvent tout ; elles le réduisent à la misère, et le poussent trop souvent à des extrémités détestables, car la misère est mauvaise conseillère.

Le retour à la monarchie légitime sera, tout le monde le sent fort bien, le retour à un état de choses tout différent. Si la France rappelait aujourd'hui et acclamait son Roi, l'ordre, remis dans les institutions du pays, se ferait bientôt sentir jusque dans les détails : en peu de temps, le crédit, le commerce, l'agriculture, les grandes et les petites affaires reprendraient avec d'autant plus d'ardeur qu'on pourrait enfin compter sur l'avenir.

Dans son long exil, le comte de Chambord s'est toujours activement occupé de toutes les grandes questions qui intéressent la France, son bonheur et sa prospérité ; il a sérieusement sondé toutes nos plaies sociales et personne mieux que lui ne peut les guérir; il connaît le mieux nos besoins et nos aspirations, et personne mieux que lui ne peut les satisfaire.

« Pénétré des besoins de mon temps, écrivait-il le 9 octobre 1870, toute mon ambition est de fonder, avec vous, un gouvernement vraiment national, ayant le droit pour base, l'honnêteté pour moyen, la grandeur morale pour but.

« Effaçons jusqu'au souvenir de nos dissensions passées, si funestes au développement du véritable progrès et de la vraie liberté. Français, qu'un seul cri s'échappe de notre cœur : *Tout pour la France, par la France et avec la France!* »

Plus récemment encore, Henri V écrivait : « Ce que je demande, vous le savez, c'est de travailler à la régénération du pays; c'est de donner l'essor à toutes ses aspirations légitimes : c'est, à la tête de toute la Maison de France, de présider à ses destinées, en soumettant avec confiance les actes du gouvernement au sérieux contrôle de représentants librement élus...

« Je ne suis point un parti, et je ne veux pas revenir pour régner par un parti. Je n'ai ni injure à venger, ni ennemis à écarter, ni fortune à refaire, sauf celle de la France, et je puis choisir partout les ouvriers qui voudront loyalement s'associer à ce grand ouvrage. »

Et dans sa mémorable lettre du 27 octobre 1873 il disait : « Je dois toute la vérité à ce pays... qui sait que je ne l'ai jamais trompé et que je ne le tromperai jamais... Il ne s'agit de rien moins que de reconstituer sur ses bases naturelles une société profondément troublée, d'assurer avec énergie le règne de la loi, de faire renaître la prospérité au dedans, de contracter au dehors des alliances durables, et surtout de ne pas craindre d'employer la force au service de l'ordre et de la justice. »

Mais afin qu'aucune incertitude ne soit possible, nous voulons citer, d'après l'*Union*, les points principaux du programme de la restauration monarchique :

L'égalité de tous les citoyens devant la loi. — Leur admissibilité à tous les emplois civils et militaires. — Les libertés civiles et religieuses. — L'égale protection actuellement accordée aux différents cultes. — Le vote annuel de l'impôt par les représentants du pays. — La liberté de la presse, sous les réserves nécessaires à l'ordre public. — L'exercice collectif de la puissance législative par le roi et deux Chambres. — L'attribution du pouvoir exécutif au roi, et l'inviolabilité de sa personne. — La responsabilité des ministres. — L'exercice du suffrage universel... Voilà ce que veut M. le comte de Chambord et ce qu'il proposera aux représentants du pays.

Henri V s'intéresse encore surtout aux grandes questions de la classe ouvrière, soit dans les villes, soit dans les campagnes. Il a sur ce point les idées les plus généreuses, les plus arrêtées : « N'est-ce pas, à cette royauté, disait-il dans les documents publiés sur cette grave question, qu'il appartient d'appeler le peuple du travail à jouir de la liberté et de la paix, sous la garantie nécessaire de l'autorité, sous la tutelle spontanée du dévouement et sous les auspices de la charité chrétienne?...

» Venir au secours des classes pauvres, défendre les intérêts des ouvriers, protéger l'agriculture, le commerce, l'industrie, et, au-dessus de tout cela, placer toujours une grande chose : l'honnêteté! L'honnêteté! qui n'est pas moins une obligation dans la vie publique que dans la vie privée! L'honnêteté! qui fait la valeur morale des Etats comme des particuliers. »

M. de Montbel, après avoir passé vingt ans avec le prince et l'avoir étudié à fond, a porté sur lui ce jugement : « Je ne sais pas à quoi Dieu destine le comte de Chambord ; mais ce que je sais bien, c'est que s'il remonte jamais sur le trône de ses pères, la France n'aura pas eu depuis saint Louis un roi semblable à lui. »

Ce jugement est confirmé par un publiciste français, qui n'est pas suspect et qui avait visité Frohsdorf plutôt pour avoir le droit de mépriser le fils de nos rois que pour se mettre dans l'obligation de l'exalter. « J'ai trouvé à Frohsdorf, écrivait ce publiciste, ce que je n'ai jamais encore rencontré sur la terre, ce qu'il y a de plus grand comme intelligence, comme caractère, comme dignité, uni à ce qu'il y a de plus affectueux, de plus simple et de plus aimable : il n'y a aucune question d'histoire, de littérature, d'économie politique et sociale, qui ne soit familière au prince; je suis encore sous le charme de cette figure si noble, de ce sourire si doux, et surtout de cette parole si lumineuse et si claire. Heureuse la nation qui aura jamais un tel roi! »

Aussi la France, qui le sait bien, soupire après lui; et quels ne furent pas sa joie et son épanouissement quand, il y a six mois, elle apprit qu'il allait enfin venir. Oh! quels tressaillements suscita dans nos cœurs cette espérance! quel bienheureux soulagement après tant de malheurs et d'oppressions : notre Père, notre Roi, allait enfin nous être rendu!

Mais les libérâtres orléanistes veillaient; ils ne voulaient pas du Roi; c'est un roitelet qu'il fallait à leur ambition et à leur égoïsme. Ces malheureux surent donc tout brouiller, tout empêcher, et voici comment : ils suscitèrent et combinèrent, en vrais Machiavels, le ridicule obstacle du drapeau.

Le Roi, d'après eux, ne devait revenir qu'avec le drapeau de la république, de la Révolution; avec le drapeau qui prit naissance dans les sanglants carnages de la grande révolution ; qui présida à la mort de l'infortuné Louis XVI, aux horreurs de nos guerres civiles et de nos désastres ; qui nous enleva une partie de nos colonies, toute une ligne de frontières et enfin l'Alsace et la Lorraine ; qui nous fit payer des milliards à l'étranger, au Prussien, et qui décore par centaines les musées de l'Allemagne.

Ils exigeaient du roi qu'il reniât son drapeau, le drapeau de ses ancêtres, celui de la France, le drapeau de toutes nos gloires et de toutes nos conquêtes, le drapeau qui a chassé les Anglais et fait la France, émancipé les Etats-Unis, délivré la Grèce et conquis l'Alsace, la Lorraine et l'Algérie.

Que fit Henri V ? que répondit-il ? — Je ne puis renier le drapeau royal, et jamais je ne serai le roi de la Révolution ! Alors nos hypocrites libéraux de verser des larmes de crocodile, et nos républicains, tout en donnant les plus grands éloges au roi, de le déclarer impossible.

Voici, à ce sujet, quelques appréciations des journaux, même les plus hostiles et les plus opposés à Henri V :

« Nous reproduisons plus loin ce document, dont le sens est aussi net que possible et qui est la fin de la fusion. Les journaux du Centre droit demandaient de la lumière : en voilà. » (*Siècle.*)

« M. le comte de Chambord, qui a parlé

comme toujours avec une grande noblesse de langage, mais avec une imprudence suprême.... » (*Journal des Débats.*)

« Mais il préfère la pureté de son honneur à l'éclat du trône... Nous nous inclinons devant une semblable attitude, et nous l'admirons comme un trait de ces vertus antiques... » (*Constitutionnel.*)

« Et ses partisans peuvent répéter avec François Ier : Tout est perdu, fors l'honneur... L'ancien régime est définitivement enterré, mais on peut se découvrir devant son cercueil, avec tout le respect légitimement dû à la dépouille de ceux qui ont bien su mourir. » (*Opinion nationale.*)

« M. le comte de Chambord demeure ce qu'on l'a vu toujours ;... il ne transige point, il rejette avec plus d'horreur que jamais l'idée de devenir « le roi légitime de la Révolution. » Ce serait aujourd'hui lui faire injure de le féliciter de n'avoir abjuré ni son passé, ni sa croyance. » (*XIXe Siècle.*)

« Jamais plus noble langage n'est tombé de la bouche d'un prince... La France entière aura pour lui le respect commandé par une si noble attitude. » (*Gaulois.*)

« M. le comte de Chambord s'est placé une fois de plus face à face avec la France, sans intermédiaire, sans interprète. La France pourra le reconnaître tel qu'il est... Elle saura du moins que ce roi qu'on voulait ramener n'est point capable de descendre aux manœuvres qu'on lui conseillait, pour reconquérir une couronne depuis longtemps perdue... La France, nous dit le comte de Chambord, ne peut pas périr. Cette confiance invincible dans les destinées de *la nation que nos ancêtres ont faite avec les siens*, est désormais tout ce qui le rattache à nous. Il suffit de ce lien de patriotisme, et c'est assez de cette religion de la France pour que le dernier descendant de nos anciens rois reste uni à son pays, et y conserve le respect qui sera payé avec usure à un prince... qui du moins a su conserver loin de nous les premières et les plus nobles qualités de notre race, *la franchise et le courage.* » (*République française.*)

Comme nous le voyons donc, les ennemis de Henri V, après avoir usé tous les autres moyens, mensonges et calomnies, sont réduits à avouer que *le Roi a toutes les vertus royales*, et à conclure qu'*il est par conséquent impossible!!!* Jugez, Français!

Quant à nous, notre bon sens nous dit tout le contraire. Henri V est l'homme qu'il nous faut, le Roi dont nous avons précisément besoin; et nous l'appelons de tous nos vœux, et nous crions dans nos cœurs : Vive le Roi! en attendant le bienheureux jour où nous pourrons l'acclamer publiquement et crier sur les toits : Vive le Roi! vive notre Père! vive Henri V!

Voilà, ô peuple français, ce que t'avait déjà dit ton admirable bon sens lors des élections du 8 février 1870, au sortir des affreuses calamités de la guerre, quand tu votas une Chambre monarchique. Mais quelques rusés et ambitieux compères de Machiavel s'opposèrent à tes désirs, à tes volontés, et abusèrent de la bonne foi, de la longanimité, des angoisses patriotiques de tes députés pour semer la division, le désarroi et le chaos dans la Chambre...

Peut-être auras-tu donc à te prononcer de nouveau et à nommer directement cette fois (à moins que les héros sans peur et sans reproche ne le fassent) celui qui doit être ton père et ton sauveur, le chef de l'illustre Maison de Bourbon, Henri V, héritier légitime et seul légitime de la couronne de France.

Oh! alors ne laisse pas surprendre ta bonne foi, ton bon sens; ne te laisse pas dévier par d'ambitieux et lâches aventuriers ni par des fils d'aventuriers; ne te laisse pas induire en erreur par les contes des juifs et des charlatans politiques, des francs-maçons, qui t'ont livré à leur grand Prussien, au F.·. Bismark, leur chef! Car ce serait irréparable.

Mais consulte ton bon sens, considère les événements, vois quelles sont les causes de tes malheurs, regarde l'avenir de notre pauvre patrie, l'avenir de tes enfants et tu iras en avant en criant : Vive Henri V!

Mais, en attendant, qu'avons-nous à faire, ô cher peuple français?

C'est de remplir fidèlement, en toute occasion, nos devoirs d'électeurs. Il n'y a rien de plus important, car tout l'avenir de notre bien-aimée patrie en dépend. Il nous faut donc les remplir, ces devoirs. avec intelligence et avec conscience. Pour cela, il faut prier, réfléchir et consulter au besoin des personnes probes et éclairées. Il y a, en effet, obligation grave de nommer les plus dignes et les plus capables. C'est un devoir de conscience dont on est responsable devant Dieu et devant les hommes. Dans l'exercice libre de son droit d'électeur, le bon Français ne peut et ne doit écouter ni ses préjugés, ni ses passions, ni les considérations d'intérêts privés ; il ne peut et ne doit écouter que la loi de Dieu et le bien public.

Surtout pas d'abstention. Oh! ne dites pas : Qu'importe ma voix? — Les radicaux, les républicains parlent-ils ainsi? Votre voix importe beaucoup. Par là vous remplirez un grave devoir, vous donnerez le bon exemple, vous encouragerez électeurs et députés. D'une seule voix même peut dépendre quelquefois l'élection d'un bon député qui pourrait faire à son pays beaucoup de bien dans la Chambre, surtout dans une Chambre divisée comme la nôtre, et où la majorité pour les questions les plus graves et les plus conséquentes dépend souvent de quelques voix seulement.

Donc point d'abstention, et surtout ne nous laissons pas tromper par les charlatants. Ce ne sont pas ceux qui flattent le peuple et le séduisent par de grands mots et de belles promesses, pour se servir de lui, pour faire des révolutions et accaparer des places, qui sont les amis du peuple.

Le roi saint Louis, lavant à genoux les pieds des pauvres et les couvrant de ses baisers, et le roi Henri IV faisant des vœux pour que le plus pauvre de ses paysans pût mettre la poule au pot le dimanche, et travaillant sans relâche pour y parvenir : voilà quels sont les vrais amis du peuple ! Voilà ce qu'étaient nos rois de France, que la terre, émerveillée d'un spectacle si touchant et si sublime, a toujours vus tous, à l'exemple de saint Louis, tomber chaque année à genoux devant les pauvres pour leur laver les pieds. Car, en rois très-chrétiens, ils savent qu'ils sont établis rois par la grâce de Dieu et les lois de la nation, non pour être servis par la France, mais pour la servir ; aussi s'appellent-ils à leur naissance *les fils de la France !*

Aussi c'est sous nos rois légitimes, pendant quatorze siècles, qu'ont été fondées les plus belles œuvres pour le bonheur du peuple.

Mais, où sont les œuvres fondées par nos

républicains ? Où sont les républicains qui aient jamais fait cela, qui aient jamais donné pareils exemples, qui aient ainsi cherché et procuré le bonheur du peuple ? Nommez-les, citez-en un seul ?

Voilà comment nos rois, ces fils, ces serviteurs de la France, étaient les vrais amis, les vrais pères du peuple.

Voilà ce que sera Henri V, notre roi légitime, un autre saint Louis, un « Henri IV second. » Mais il faut que nous le méritions, car *Dieu donne toujours aux peuples le gouvernement qu'ils méritent* (1). Méditons bien cette divine sentence : « La justice élève les nations, mais l'iniquité les abaisse et les rend malheureux. » (*Prov.*, 14, 34.)

« Les peuples forts, s'est écrié le comte de Melun quand, dans l'Assemblée nationale, on vota des prières publiques, *les peuples forts regardent là-haut ;* les peuples faibles regardent en bas, et descendent de chute, en chute, jusqu'au dernier abaissement... Dieu a été longtemps oublié parmi nous... *Prions-le*, il nous délivrera. »

(1) Nos devoirs religieux et politiquess sont admirablement bien exposés dans le *Manuel du bon Français*, incomparable ouvrage pratique, qui devrait se trouver dans toutes les familles. On peut l'avoir pour 60 centimes chez M. V. Palmé, rue Grenelle-Saint-Germain, 25, à Paris, ou pour 75 centimes par la poste.

Cher peuple français, voici encore un tout récent et admirable *Manifeste que Henri V vient de publier*. Nous y trouvons le langage le plus franc, le plus noble, le plus patriotique et le mieux fait pour rallier tous les sincères amis de leur pays, de notre chère France.

Lisez et méditez : ce sont les paroles de notre Roi dont le cœur est déchiré, dont le cœur saigne à cause de nos malheurs et de nos divisions.

« Français,

» Vous avez demandé le salut de notre Patrie à des solutions temporaires, et vous semblez à la veille de vous jeter dans de nouveaux hasards.

» Chacune des Révolutions survenues depuis quatre-vingts ans a été une démonstration éclatante du tempérament monarchique du pays.

» La France a besoin de la Royauté. Ma naissance m'a fait votre Roi.

» Je manquerais au plus sacré de mes devoirs, si, à ce moment solennel, je ne tentais un suprême effort pour renverser la barrière de préjugés qui me sépare encore de vous.

» Je connais toutes les accusations portées contre ma politique, contre mon attitude, mes paroles et mes actes.

« Il n'est pas jusqu'à mon silence qui ne serve de prétexte à d'incessantes récriminations. Si je l'ai gardé depuis de longs mois, c'est que je ne voulais pas rendre plus difficile la mission de l'illustre soldat dont l'épée vous protége.

« Mais aujourd'hui, en présence de tant d'erreurs accumulées, de tant de mensonges répandus, de tant d'honnêtes gens trompés, le silence n'est plus permis. L'honneur m'impose une énergique protestation.

« En déclarant, au mois d'octobre dernier, que j'étais prêt à renouer avec vous la chaîne de nos destinées, à relever l'édifice ébranlé de notre grandeur nationale, avec le concours de tous les dévouements sincères, sans distinction de rang, d'origine ou de parti ;

« En affirmant que je ne rétractais rien des déclarations sans cesse renouvelées depuis trente ans, dans les documents officiels et privés qui sont dans toutes les mains ;

« Je comptais sur l'intelligence proverbiale de notre race et sur la clarté de notre langue.

« On a feint de comprendre que je plaçais le pouvoir royal au-dessus des lois et que je rêvais je ne sais quelles combinaisons gouvernementales basées sur l'arbitraire et l'absolu.

» Non, la Monarchie chrétienne et française est dans son essence même une Monarchie tempérée, qui n'a rien à emprunter à ces gouvernements d'aventure qui promettent l'âge d'or et conduisent aux abîmes.

» Cette Monarchie tempérée comporte l'existence de deux Chambres, dont l'une est nommée par le Souverain, dans des catégories déterminées, et d'autre par la Nation, selon le mode de suffrage réglé par la loi.

» Où trouver ici la place de l'arbitraire ?

» Le jour où, vous et moi, nous pourrons face à face traiter ensemble des intérêts de la France, vous apprendrez comment l'union du Peuple et du Roi a permis à la Monarchie française de déjouer, pendant tant de siècles, les calculs de ceux qui ne luttent contre le Roi que pour dominer le Peuple.

» Il n'est pas vrai de dire que ma politique soit en désaccord avec les aspirations du pays.

» Je veux un pouvoir réparateur et fort ; la France ne le veut pas moins que moi. Son intérêt l'y porte, son instinct le réclame.

» On recherche des alliances sérieuses et durables ; tout le monde comprend que la Monarchie traditionnelle peut seul nous les donner.

» Je veux trouver dans les représentants de la Nation des auxiliaires vigilants, pour l'examen des questions soumises à leur contrôle ; mais je ne veux pas de ces luttes stériles de Parlement, d'où le Souverain sort, trop souvent, impuissant et affaibli ; et si je repousse la formule d'importation étrangère, que répudient toutes nos traditions nationales, avec son Roi qui règne et qui ne gouverne pas, là encore je me sens en communauté parfaite avec les désirs de l'immense majorité qui ne comprend rien à ces fictions, qui est fatiguée de ces mensonges.

» Français,

» Je suis prêt aujourd'hui, comme je l'étais hier.

» La Maison de France est sincèrement, loyalement réconciliée. Ralliez-vous, confiants, derrière elle.

» Trêve à nos divisions, pour ne songer qu'aux maux de la Patrie ! N'a-t-elle pas assez souffert ? N'est-il pas temps de lui rendre, avec sa Royauté séculaire, la prospérité, la sécurité, la dignité, la grandeur, et tout ce cortége de libertés fécondes que vous n'obtiendrez jamais sans elle ?

« L'œuvre est laborieuse, mais, Dieu aidant, nous pouvons l'accomplir.

« Que chacun, dans sa conscience, pèse les réponsabilités du présent et songe aux sévérités de l'histoire.

« HENRI.

« 2 juillet 1874. »

FIN.

TABLE DES MATIÈRES.

CHAPITRE Ier.

CHAPITRE II.

CHAPITRE III.

CHAPITRE IV.

CHAPITRE V.

FIN DE LA TABLE.

Nancy, imp. de Vagner.

POUR PARAITRE PROCHAINEMENT :

L'Internationale et ses suites. — I. Origine et Causes. — II. But et doctrine. — III. Suites — pour l'ouvrier — pour la France.

Les mauvais journaux.

NANCY, IMP. DE VAGNER.

www.ingramcontent.com/pod-product-compliance
Ingram Content Group UK Ltd.
Pitfield, Milton Keynes, MK11 3LW, UK
UKHW020151220726
13923UKWH00001B/465